INGT'S

Cornelia
Schinharl

Kart

offeln

DAS KLAPPT
AUF ANHIEB:
SALATE UND
SUPPEN,
PUFFER UND
PÜREES...

DIE FARBFOTOS
GESTALTETE
ULRICH KERTH

GU GRÄFE UND UNZER

In diesem Buch finden Sie

Die tolle Knolle – Sorten und Eigenschaften

Ursprünglich aus Südamerika stammend, hatte es die Kartoffel schwer, sich in Europa durchzusetzen. Von spanischen und portugiesischen Seefahrern Mitte des 16. Jahrhunderts in die Heimat gebracht, tauchte sie in Deutschland 1621 das erste Mal auf, wurde zu diesem Zeitpunkt allerdings noch keineswegs als Nahrung, sondern vielmehr als exotische, hübsch blühende Zierpflanze in den Botanischen Gärten geschätzt.

Ihre Verbreitung als Nahrungsmittel schaffte erst Friedrich der Große, der ihren Wert bei der Bekämpfung von Hungersnöten erkannt hatte. Inzwischen zählt die Kartoffel nicht nur bei uns zu den wichtigsten Grundnahrungsmitteln. Botanisch betrachtet gehört die Kartoffel zur Familie der Nachtschattengewächse. Die Pflanze bildet allerdings keine Früchte, sondern ungenießbare, ja sogar giftige Beeren. Was wir auf den Teller bekommen, ist der verdickte Trieb, der unter der Erde wächst. Angebaut wird übrigens nicht mit den Samen aus der Beere, sondern mit den Knollen selbst, die Triebe ausgebildet haben. Jede Pflanze kann bis zu 25 Kartoffeln hervorbringen.

SORTENVIELFALT

Von den über einhundert zugelassenen Sorten dienen viele als Futtermittel oder zur industriellen Verarbeitung, in den Gemüsehandel kommen wesentlich weniger Kartoffelsorten.

Unterschieden werden sie sowohl nach ihren Kocheigenschaften als auch nach dem Zeitpunkt, zu dem sie in den Handel kommen. So kommen die ersten »Neuen Kartoffeln« von deutschen Äckern erst im Juni auf den Markt, während man bereits ab Januar die ersten Frühkartoffeln, beispielsweise aus Israel, kaufen kann. Frühkartoffeln sind übrigens immer festkochend und haben eine dünne Schale, die sich oft schon durch Bürsten entfernen läßt.

KOCHEIGENSCHAFTEN

Die Kocheigenschaften sind abhängig vom Stärkegehalt der Kartoffeln, der sich mit zunehmender Reife der Knollen steigert. Festkochende Kartoffeln haben den geringsten Stärkegehalt, behalten beim Garen ihre feste Struktur und werden deshalb bevorzugt für Salate, Salzkartoffeln, Pellkartoffeln und Bratkartoffeln verwendet. Die bekanntesten Sorten: Cilena, Hansa, Linda, Nicola, Sieglinde (Siracusa), Selma und Spunta.

Der Stärkegehalt von vorwiegend festkochenden Kartoffeln liegt bei etwa 14%. Sie haben nach dem Garen eine mittelfeste, gelegentlich leicht mehlige Struktur und schmecken am be-

sten als Salzkartoffeln, Pellkartoffeln, Bratkartoffeln und im Eintopf. Die bekanntesten Sorten: Arkula, Atica, Carola, Christa, Gloria, Saskia, Ukama, Cinja, Clivia, Granola, Grata, Jetta und Ulla.

Die stärkereichsten Kartoffeln sind mit bis zu 20% Stärke die mehligkochenden Sorten, die man für Püree, Suppen, Eintöpfe und Klöße verwendet. Die wichtigsten Sorten: Adretta, Bintje, Irmgard, Aula, Datura und Monza.

BAMBERGER HÖRNCHEN

Wie der Name sagt, werden sie in der Gegend um Bamberg angebaut. Bamberger Hörnchen sind festkochend, haben einen feinen Geschmack und eignen sich besonders für Pellkartoffeln oder Kartoffelsalat.

TRÜFFELKARTOFFELN

Diese Spezialität aus Frankreich ist an ihrer dunkelvioletten Farbe und dem feinen, etwas an Nüsse erinnernden Aroma zu erkennen. Trüffelkartoffeln werden allerdings ausgesprochen selten angeboten.

SÜSSKARTOFFELN

Sie werden auch Bataten genannt und stammen wie die Kartoffel aus Südamerika, sind aber nicht mit der Kartoffelpflanze verwandt. Bataten sind meist relativ groß, haben ein gelbliches, orangefarbenes oder rötliches Fleisch und schmecken – wie der Name schon sagt – relativ süß. Bataten haben einen hohen Wassergehalt und lassen sich deshalb nur begrenzt lagern. Am besten schmecken sie, wenn man sie gleich nach dem Einkauf zubereitet. Beim Energiewert liegt die Süßkartoffel mit etwa 95 Kilokalorien je 100 g etwas über dem der Speisekartoffel.

LAGERUNG

Bei der Frage, ob und wie lange Sie Kartoffeln lagern können, hilft bei Kartoffeln aus heimischem Anbau am besten der Kalender. Frühe Sorten (Juni bis Juli) lassen sich nicht länger als zwei Wochen lagern, mittelfrühe Sorten (Juli bis September) nur kürzere Zeit. Späte Sorten, die etwa ab Mitte September bis Ende Oktober auf den Markt kommen, haben dagegen schon eine so dicke Schale und so gute Eigenschaften, daß sie sich teilweise über den ganzen Winter hinweg lagern lassen. Vorausgesetzt, die äußeren Umstände sind günstig: Kartoffeln lieben es kühl, dunkel und luftig.

Zu kalt darf es allerdings auch nicht sein, denn bei frostigen Temperaturen wandelt sich die Stärke in Zucker um, und die Kartoffel bekommt einen unangenehm süßen Geschmack. Werden Kartoffeln zu warm und hell gelagert, bilden sich Keime und

Zubereitung in der Küche

grüne Stellen, die voll von giftigem Solanin sind.
Den Vorrat für 1 bis 2 Wochen haben Sie aber sicher immer im Haus. Auch diese Mengen kühl und dunkel lagern und niemals im Plastikbeutel lassen! Sie würden darin schwitzen und faul werden.

NÜTZLICHE GERÄTE

Einen Kartoffelstampfer brauchen Sie für die Zubereitung von Pürees. Er ist so praktisch, weil Sie mit ihm die Kartoffeln direkt im Topf zerkleinern können.
Eine Kartoffelpresse dagegen ist immer dann vorzuziehen, wenn Kartoffeln zu Teig weiterverarbeitet werden sollen. Die Kartoffeln werden besonders fein und nicht matschig, so daß der Teig anschließend nicht zu feucht wird.
Eine Kartoffelreibe brauchen Sie zum Zerkleinern roher Kartoffeln, etwa wenn Sie Kartoffelpuffer oder Rohe Kartoffelklöße herstellen wollen. Eine Rohkostreibe ist dafür kein guter Ersatz, denn die Raspel werden damit zu lang und zu groß.
Einen Pürierstab sollten Sie sich anschaffen, wenn Sie oft und gerne Suppen zubereiten. Mit ihm können Sie die Suppe gleich im Topf fertigstellen. Darüber hinaus ist ein Pürierstab aber auch sonst ein praktischer Küchenhelfer.
Im Dämpf- oder Dünsteinsatz lassen sich die vitaminreichen Knollen besonders schonend zubereiten, denn sie liegen nicht im Wasser und können deshalb nicht auslaugen. Es gibt im Handel relativ preiswert Dämpfeinsätze, die in der Größe beliebig verstellt werden können, so daß sie in jeden Topf passen. Bei manchen Töpfen werden entsprechende Einsätze gleich mitgeliefert.
Ein Gurkenhobel leistet besonders gute Dienste, wenn Sie Kartoffeln in sehr dünne Scheiben schneiden möchten, zum Beispiel für Gratins oder Bratkartoffeln aus rohen Kartoffeln.
Für viele Gerichte spielt

auch die Wahl der Pfanne eine Rolle. Wer zwei verschiedene kaufen möchte, sollte sich am besten für eine Edelstahl- oder Gußeisenpfanne zum kräftigen Anbraten und eine Pfanne mit Antihaft-Versiegelung für empfindlichere Gerichte und zum fettarmen Braten anschaffen. In der beschichteten Pfanne gelingen zum Beispiel Kartoffelpuffer, Rösti und Tortilla besonders gut. Bei allen Pfannen gilt: Der Pfannenboden darf nicht kleiner sein als das Kochfeld, sonst geht wertvolle Energie verlo-

ren. Und: auch Edelstahlpfannen sollten Sie nicht mit Spülmittel reinigen, sondern nur unter sehr heißem Wasser spülen und gründlich abtrocknen. Sie werden sehen, daß Ihnen dann auch in diesen Pfannen nichts mehr anbrennt. Gußeisenpfannen müssen ebenfalls sehr gründlich getrocknet werden, am besten an der Sonne oder im Backofen, denn sie neigen sonst zum Rosten.

Inhaltsstoffe

Entgegen einer noch immer weit verbreiteten

Meinung sind Kartoffeln keineswegs Dickmacher, sondern ganz im Gegenteil mit durchschnittlich 70 Kilokalorien je 100 g eher kalorienarm. Doch dies ist keineswegs der einzige Vorteil der vielseitigen Knolle: Kartoffeln enthalten zwar wenig, dafür aber ausgesprochen hochwertiges Eiweiß, Fett nur in verschwindend geringen Mengen und eine ganze Reihe an wichtigen Vitaminen und Mineralstoffen. So nennen Ta-

bellen reichlich Vitamin C, Kalium, Magnesium, Calcium, Eisen und Phosphor. Unerwünschter Bestandteil von Kartoffeln ist das Solanin, ein natürliches Gift, das sich vor allem in den grünen Stellen konzentriert. Alle grünen Stellen deshalb bei Kartoffeln immer schon vor dem Garen großzügig entfernen, denn ein Teil des Solanins kann auch ins Kochwasser übergehen.

Vorsicht, heiß!
Kartoffelsalate werden heiß mit der Sauce vermischt, damit sie richtig aromatisch schmecken. Spezielle dreizinkige Kartoffelgabeln verhindern, daß Sie sich beim Schälen der frisch gekochten Knollen die Finger verbrennen.

Vinaigrette anrühren
Für eine Vinaigrette immer erst Zitronensaft oder Essig mit Gewürzen und Kräutern mischen, bis sich das Salz aufgelöst hat. Dann erst das Öl portionsweise unterschlagen.

Hochkonzentriert
Für Kartoffelsalat mit Brühe eignet sich am besten kräftige Brühe aus Würfeln oder Granulat, damit der Salat würzig wird. Die heiße Brühe mit Essig, Senf und Gewürzen mischen und über die Kartoffeln gießen.

Fein, aber nicht zu fein
Kartoffelscheiben für Salate sollen dünn, aber doch so dick sein, daß sie nicht zerfallen. Etwa 1/2 cm ist genau richtig. Die Scheiben in eine Schüssel geben, mit der Marinade übergießen und vor dem Mischen erst einmal ziehen lassen.

Für Gäste auch mal anders
Wenn Sie für ein festliches Essen einen Salat als Vorspeise servieren möchten, sieht es appetitlicher aus, wenn Sie den Salat noch nicht mischen, sondern die Kartoffeln hübsch auf dem Teller anrichten und mit der Sauce überziehen.

Frischetest fürs Ei
Kaufen Sie Eier für hausgemachte Mayonnaise absolut frisch (max. 4–5 Tage alt!) und aus Freilandhaltung oder direkt vom Bauern, um so das Salmonellenrisiko zu verringern. Frischetest: Das Ei in ein Glas mit Wasser geben. Ist es frisch, sinkt es zu Boden und liegt waagerecht.

Mayonnaise rühren
Eigelb mit Senf und Zitronensaft sehr schaumig schlagen. Dann das Öl in winzigen Portionen unter ständigem Schlagen untermischen, bis die Mayonnaise dick und glänzend ist. Leichter wird sie, wenn Sie zum Schluß Joghurt oder saure Sahne untermischen.

Schneller Brotaufstrich
Zerdrückte Pellkartoffeln mit etwas saurer Sahne, Joghurt oder Dickmilch mischen und würzen: mit gehackten Kräutern, kleingeschnittenen Oliven, Knoblauch und gehackten Pfefferschoten, Kapern und Sardellen oder gehackten, gerösteten Nüssen.

Kühl und erfris

chend

Statt Feldsalat können Sie auch Eichblatt- und Endiviensalat oder (im Frühling) eine Wildkräutermischung nehmen.

Kurzrezept

- ◣ Feldsalat waschen
- ◣ Kürbiskerne anrösten, dann die Kartoffeln braten
- ◣ Vinaigrette anrühren, mit dem Salat vermischen
- ◣ Mit Kürbiskernen und Kartoffelwürfeln bestreuen

Raffiniert

Zutaten für 4 Personen:
150 g Feldsalat
300 g Kartoffeln
3–4 EL Kürbiskerne
1–2 EL Pflanzenöl zum Braten
1 EL Apfelessig
Salz
weißer Pfeffer, frisch gemahlen
2 1/2 EL Kürbiskernöl
Pro Portion etwa:
800 kJ/190 kcal

Rühren bei mittlerer Hitze einige Minuten braten. Dann herausnehmen und beiseite stellen.

3
Das Pflanzenöl in die Pfanne geben und erhitzen. Dann die Kartoffelwürfel hinzufügen und unter gelegentlichem Rühren etwa 8 Minuten braten, bis sie schön knusprig und weich sind.

4
Inzwischen den Essig mit Salz und Pfeffer verrühren. Das Kürbiskernöl unterschlagen (Seite 8).

5
Den Feldsalat mit dem Dressing mischen und auf Tellern anrichten. Die Kartoffeln salzen und mit den Kürbiskernen auf dem Feldsalat verteilen. Sofort servieren.

Zubereitungszeit: etwa 30 Minuten

Feldsalat mit Kartoffelwürfeln

1
Den Feldsalat gründlich waschen, verlesen und trockenschwenken. Die Kartoffeln waschen, schälen und in etwa 1/2 cm große Würfel schneiden.

2
Die Kürbiskerne in einer Pfanne ohne Fett unter

Eine raffinierte Vorspeise, nicht nur vor einem italienischen Gericht. Die würzige Olivencreme harmoniert besonders gut mit dem milden Geschmack der Kartoffeln. Wer mag, kann die Kartoffeln auf einigen Salatblättern anrichten, die vorher durch eine Vinaigrette gezogen wurden.

Kurzrezept

◢ Oliven mit Pinienkernen, Kapern, Tomatenmark und Öl pürieren, pfeffern

◢ Kartoffeln schälen, längs halbieren und braten

◢ Mit Olivencreme bestreichen und servieren

Preiswert
Gut vorzubereiten

Zutaten für 4 Personen:

100 g schwarze entsteinte Oliven	
1 EL Kapern	
1 EL Pinienkerne	
2 TL Tomatenmark	
4 EL Olivenöl	
1 TL Aceto balsamico	
weißer Pfeffer, frisch gemahlen	
4 längliche, möglichst flache Kartoffeln (je etwa 150 g)	

Pro Portion etwa:
1300 kJ/310 kcal

1
Die Oliven mit den Kapern, den Pinienkernen, dem Tomatenmark und 2 Eßlöffeln Öl im Mixer oder mit dem Pürierstab fein zerkleinern. Die Creme mit dem Aceto balsamico und Pfeffer abschmecken.

2
Die Kartoffeln schälen und der Länge nach halbieren. Das übrige Öl in einer Pfanne erhitzen. Die Kartoffeln hineingeben und bei mittlerer Hitze zugedeckt etwa 7 Minuten braten. Dann die Kartoffeln wenden und offen noch einmal etwa 7 Minuten braten, bis sie weich und schön gebräunt sind.

3
Die Kartoffeln eventuell leicht salzen, mit der Olivencreme bestreichen und heiß servieren.

Zubereitungszeit: etwa 30 Minuten

◢VARIANTE
Wer's nicht so pikant mag, nimmt für die Creme statt Oliven Schafkäse oder Ricotta, getrocknete Tomaten oder Artischockenböden aus dem Glas.

Kartoffelsalat mit Rucola

Ein Salat, der lauwarm am besten schmeckt.

Kurzrezept

- Kartoffeln kochen
- Rucola und Basilikum waschen und klein-schneiden
- Mayonnaise schlagen
- Kartoffeln schneiden und mit den übrigen Zutaten mischen

Raffiniert

Zutaten für 4 Personen:
1 kg festkochende Kartoffeln
50 g Rucola
1 Bund Basilikum
2 Eigelb
1 TL Zitronensaft
1 TL scharfer Senf
100 ml Olivenöl
3–4 EL flüssiger Joghurt
Salz
weißer Pfeffer, frisch gemahlen
1 EL Kapern (aus dem Glas)
Pro Portion etwa:
1900 kJ/450 kcal

1

Die Kartoffeln waschen und etwa 3 cm hoch Wasser angießen. Die Kartoffeln in 20–30 Minuten weich kochen.

2

Inzwischen Rucola und Basilikum waschen, trockenschütteln und grob zerkleinern.

3

Für die Mayonnaise die Eigelbe mit Zitronensaft und Senf schaumig rühren. Öl erst tropfen-weise, dann in dünnem Strahl unterschlagen, bis eine feste Mayonnaise entstanden ist. Joghurt untermischen und die Mayonnaise mit Salz und Pfeffer abschmecken (Seite 8). Kapern abtropfen lassen und unterheben.

4

Die Kartoffeln in ein Sieb abgießen und etwas abkühlen lassen. Dann schälen, in Scheiben schneiden (Seite 8) und in einer Schüssel mit der Mayonnaise, dem Rucola und dem Basilikum mischen. Den Salat mög-lichst lauwarm servieren.

Zubereitungszeit: etwa 1 Stunde

TIP

Der Salat läßt sich viel-seitig abwandeln: statt Rucola Brunnenkresse oder zarte Spinatblätter verwenden, statt Kapern grüne Pfefferkörner oder Nüsse wie Pistazien.

Ersetzt ein Abendessen, schmeckt aber auch als Beilage, zum Beispiel beim Grillfest.

Kurzrezept
- ◢ Kartoffeln kochen
- ◢ Tomaten häuten und würfeln
- ◢ Mayonnaise schlagen
- ◢ Kartoffeln schneiden und mit den übrigen Zutaten mischen

Preiswert

Zutaten für 4 Personen:
1 kg festkochende Kartoffeln
400 g vollreife Tomaten
1 Bund Schnittlauch
2 Eigelb
1 TL Zitronensaft
1 TL scharfer Senf
100 ml Sonnenblumenöl
100 g saure Sahne
Salz
weißer Pfeffer, frisch gemahlen
1 Prise Zucker

Pro Portion etwa:
1900 kJ/450 kcal

ziehen lassen, kalt abschrecken und häuten. Tomaten in kleine Würfel schneiden, dabei die Stielansätze entfernen. Schnittlauch waschen, trockenschwenken und in ganz feine Röllchen schneiden.

3
Für die Mayonnaise die Eigelbe mit Zitronensaft und Senf schaumig rühren. Öl erst tropfenweise, dann in dünnem Strahl unterschlagen, bis eine feste Mayonnaise entstanden ist. Saure Sahne untermischen und die Mayonnaise mit Salz, Pfeffer und Zucker abschmecken (Seite 8).

4
Die Kartoffeln abgießen und etwas abkühlen lassen. Dann schälen, in Scheiben schneiden und in einer Schüssel mit der Mayonnaise und den

Kartoffel-Tomaten-Salat

1
Die Kartoffeln waschen und etwa 3 cm hoch Wasser angießen. Die Kartoffeln in 20–30 Minuten weich kochen. Sie dürfen nicht zu weich werden.

2
Inzwischen die Tomaten mit kochendem Wasser überbrühen, kurz darin

Tomaten mischen (Seite 8). Den Salat mit Schnittlauch bestreut servieren.

Zubereitungszeit: etwa 1 Stunde

Bamberger Hörnchen mit Bohnen

Der Salat schmeckt im Sommer besonders gut. Statt Bohnen sind auch Paprikaschoten köstlich, die etwa die Hälfte der Garzeit benötigen.

Kurzrezept

- Kartoffeln kochen
- Grüne Bohnen garen, Tomaten häuten und achteln
- Marinade rühren und mit den Zutaten mischen
- Mit Sardellen und Kapern anrichten

Gut vorzubereiten

Zutaten für 4 Personen:
400 g kleine Bamberger Hörnchen
400 g grüne Bohnen
Salz
400 g Tomaten
2 EL Weißweinessig
weißer Pfeffer, frisch gemahlen
4 EL Olivenöl, kaltgepreßt
8 Sardellenfilets (aus dem Glas)
1 EL Kapern
Pro Portion etwa: 970 kJ/230 kcal

1
Die Kartoffeln waschen und ungeschält in einen Topf geben. Etwa 3 cm hoch Wasser angießen und zum Kochen bringen. Die Kartoffeln zugedeckt bei mittlerer Hitze in 20–30 Minuten weich kochen. Dabei gegebenenfalls noch etwas Wasser angießen.

2
Inzwischen die Bohnen putzen, waschen und, je nach Größe, halbieren oder ganz lassen.

3
Reichlich Wasser mit 1 kräftigen Prise Salz zum Kochen bringen. Die Bohnen darin in etwa 12 Minuten bißfest garen, in einem Sieb kalt abschrecken und abtropfen lassen.

4
Die gegarten Kartoffeln in ein Sieb abgießen, kalt abbrausen und etwas auskühlen lassen. Dann schälen (Seite 8). Größere Kartoffeln eventuell halbieren.

5
Die Tomaten mit kochendem Wasser überbrühen, kurz darin ziehen lassen, kalt abschrecken und häuten. Die Tomaten in Achtel schneiden, dabei die Stielansätze entfernen.

6
Den Essig mit Salz und Pfeffer verrühren. Olivenöl teelöffelweise kräftig unterschlagen, bis eine cremige Marinade entstanden ist (Seite 8).

7
Die Bohnen mit den Kartoffeln und den Tomaten in einer Schüssel locker mischen. Das Dressing darüber geben und alles vorsichtig vermengen.

8
Die Sardellenfilets unter fließendem Wasser kalt abspülen, um überschüssiges Salz zu entfernen und mit den Kapern auf dem Salat verteilen.

Dazu schmeckt frisches Stangenweißbrot.

Zubereitungszeit: etwa 1 Stunde

TIP
Statt Bamberger Hörnchen schmecken auch andere festkochende Kartoffeln. Klein sollten sie aber in jedem Fall sein, denn der Salat sieht mit ganzen Kartoffeln einfach hübscher aus. Versuchen Sie auch einmal so ausgefallene Sorten wie die lilafarbenen, nussig schmeckenden »Trüffelkartoffeln« oder die rotschaligen Roseval aus Frankreich, besondere Spezialitäten, die es nur gelegentlich zu kaufen gibt. Anreichern können Sie den Salat zusätzlich noch mit Oliven, Basilikum oder anderen Kräutern.

Eine komplette Mahlzeit für zwei Personen, als kleiner Imbiß aber auch für vier Personen ausreichend.

Kurzrezept

- Kartoffeln und rote Bete kochen, kleinschneiden
- Heringe, Gurken und Dill kleinschneiden
- Sauce anrühren
- Alle Zutaten mischen

Preiswert

Zutaten für 2–4 Personen:

1 rote Bete (etwa 150 g)

500 g festkochende Kartoffeln

4 Heringsfilets (etwa 300 g)

2 Essiggurken

1 Bund Dill

100 g Joghurt

2 EL Sahne

1/2 EL Zitronensaft

1 Messerspitze Senf

Salz

weißer Pfeffer, frisch gemahlen

1 TL Zucker

1 EL Sonnenblumenöl

Bei 4 Personen pro Portion etwa: 1300 kJ/310 kcal

Kartoffelsalat mit Hering

1

Rote Bete und Kartoffeln waschen und getrennt in wenig Wasser zugedeckt weich kochen. Die rote Bete braucht etwa 40 Minuten, die Kartoffeln brauchen 20–30 Minuten.

2

Inzwischen die Heringsfilets und die Essiggurken in Würfel schneiden. Den Dill waschen, trockenschwenken und fein hacken.

3

Für die Sauce Joghurt mit Sahne, Zitronensaft und Senf gründlich verrühren. Mit Salz, Pfeffer und Zucker abschmecken, das Öl unterschlagen.

4

Kartoffeln und rote Bete in ein Sieb abgießen, etwas abkühlen lassen und schälen. Beides in kleine Würfel schneiden und mit den übrigen Zutaten und der Sauce mischen.

Zubereitungszeit: etwa 1 1/4 Stunden

Kartoffelsalat mit Endivien

Abwandlung des klassischen bayerischen oder schwäbischen Kartoffelsalates, der mit Brühe zubereitet wird.

Kurzrezept

- Kartoffeln kochen
- Brühe würzen und erhitzen
- Endivien in Streifen schneiden
- Kartoffeln in Scheiben schneiden und mit den übrigen Zutaten mischen

Braucht etwas Zeit

Zutaten für 4 Personen:

1 kg festkochende Kartoffeln
1 Zwiebel
1/4 l kräftige Fleisch- oder Gemüsebrühe
1/2 EL scharfer Senf
2 EL Weißweinessig
Salz
weißer Pfeffer, frisch gemahlen
4 EL Sonnenblumenöl
1/2 Kopf Endivien (etwa 150 g)
1 Bund Schnittlauch

Pro Portion etwa: 1000 kJ/240 kcal

1
Wasser in einem großen Topf erhitzen. Die Kartoffeln waschen und im Wasser bei mittlerer Hitze 20–30 Minuten kochen, bis sie gerade weich sind. Sie dürfen nicht zu weich werden.

2
Inzwischen die Zwiebel schälen und fein hacken. Mit der Brühe in einen Topf geben und alles einmal aufkochen lassen.

3
Senf, Essig, Salz und Pfeffer unter die Brühe mischen. Dann das Öl unterschlagen (Seite 8).

4
Die Kartoffeln in ein Sieb abgießen und etwas abkühlen lassen. Dann schälen, in Scheiben schneiden und in einer Schüssel mit dem heißen Dressing übergießen (Seite 8).

5
Den Salat mindestens 30 Minuten zugedeckt ziehen lassen.

6
Die Endivienblätter waschen, trockenschwenken und in feine Streifen schneiden. Den Schnittlauch waschen, trockenschwenken und in feine Röllchen schneiden. Beides unter den Kartoffelsalat mischen. Den Salat eventuell noch einmal abschmecken, dann servieren.

Zubereitungszeit: etwa 1 1/2 Stunden

Kartoffelcreme mit Knoblauch

Schmeckt als extravaganter Brotaufstrich, als kleine Vorspeise oder als Beilage zu kurzgebratenem Fleisch.

Kurzrezept

- Kartoffeln kochen
- Knoblauch und Kräuter fein schneiden
- Kartoffeln zerdrücken und mit den übrigen Zutaten mischen

Preiswert • Raffiniert

Zutaten für 4 Personen:

300 g mehligkochende Kartoffeln

1–2 Knoblauchzehen

1 Frühlingszwiebel

1/2 Bund Petersilie

einige Blätter Zitronenmelisse

100 g saure Sahne

Salz

weißer Pfeffer, frisch gemahlen

Pro Portion etwa: 360 kJ/85 kcal

1
Die Kartoffeln waschen und in einen Topf geben. Etwa 3 cm hoch Wasser angießen und zum Kochen bringen. Kartoffeln zugedeckt bei mittlerer Hitze in 20–30 Minuten weich kochen.

2
Inzwischen den Knoblauch schälen und durch die Presse drücken. Die Frühlingszwiebel putzen, waschen, von den dunkelgrünen Röhrchen befreien und sehr fein hacken. Die Kräuter waschen, trockenschwenken und ebenfalls sehr fein hacken.

3
Die Kartoffeln in ein Sieb abgießen, kalt abschrecken, etwas ausdämpfen lassen und schälen. Kartoffeln noch warm zerdrücken und mit dem Knoblauch und der Frühlingszwiebel mischen (Seite 8).

4
Die Kräuter mit der sauren Sahne unter die Kartoffelcreme mischen und alles mit Salz und Pfeffer pikant würzen.

Zubereitungszeit: etwa 50 Minuten

TIP
Gut schmeckt die Creme auch mit anderen Kräutern wie Basilikum oder Bohnenkraut. Ebenfalls ganz köstlich: frische, grüne Pfefferkörner oder etwas frisch geriebener Meerrettich.

Kleine Vorspeise oder leichtes Gericht an heißen Sommertagen. Dazu schmeckt kurzgebratenes Fleisch oder einfach nur Brot.

Kurzrezept

- Kartoffeln kochen
- Kräuter, Knoblauch und Zitronenschale fein hacken
- Vinaigrette anrühren
- Geschälte Kartoffeln in Scheiben schneiden
- Mit der Vinaigrette mischen

Preiswert • Ganz einfach

Zutaten für 4 Personen:
800 g kleine festkochende Kartoffeln
2 unbehandelte Zitronen
2 Knoblauchzehen
2 rote Zwiebeln
1 Bund Basilikum
1 Bund Petersilie
1 EL Gemüsebrühe oder Weißwein
Salz
weißer Pfeffer, frisch gemahlen
4 EL Olivenöl, kaltgepreßt
Pro Portion etwa: 1000 kJ/240 kcal

1
Die Kartoffeln gründlich waschen und in einen breiten Topf geben. Etwa 3 cm hoch Wasser angießen und zum Kochen bringen. Die Kartoffeln zugedeckt bei mittlerer Hitze in 20–30 Minuten weich kochen.

2
Inzwischen 1 Zitrone heiß waschen und ein Stück Schale dünn abschneiden. Die Schale sehr fein hacken. Beide Zitronen auspressen. Knoblauch und Zwiebeln schälen und so fein wie möglich hacken oder im Blitzhacker zerkleinern. Die Kräuter waschen, trockenschwenken und ohne die groben Stiele sehr fein hacken.

3
Den Zitronensaft mit der Brühe oder dem Wein, Salz und Pfeffer verrühren. Zitronenschale, Knoblauch, Zwiebeln und Kräuter untermischen. Das Öl nach und nach unterschlagen (Seite 8).

4
Die gekochten Kartoffeln in ein Sieb abgießen, kalt abbrausen und kurz etwas ausdämpfen lassen. Dann schälen und in etwa 1 cm dicke Scheiben schneiden.

Kartoffeln mit Zitronen-Vinaigrette

Die Kartoffelscheiben vorsichtig mit der Zitronen-vinaigrette mischen und alles etwa 15 Minuten ziehen lassen.

Zubereitungszeit: etwa 1 Stunde

So gelingt's

Bitte mit Schale
Das Garen in der Schale ist besonders nährwertschonend. Die Kartoffeln vorher unter fließendem Wasser gründlich abbürsten, dann mit etwa 3 cm Wasser in einen Topf geben und zugedeckt garen. Noch besser geht's im Dämpfeinsatz.

Sparsam schälen
Die meisten Vitamine sitzen einige Millimeter unter der Schale, deshalb die Kartoffeln am besten mit dem Sparschäler dünn schälen. Die Kartoffeln vorher gründlich waschen, dann brauchen Sie die geschälten Kartoffeln nicht mehr abbrausen.

In Salzwasser garen
Geschälte Kartoffeln in gleichmäßige Stücke schneiden. Mit 2–3 cm Wasser in einen Topf geben, salzen und zugedeckt kochen. Mehr Wasser sollten Sie nicht nehmen, denn darin lösen sich Vitamine und Mineralstoffe.

Gestampft und geschlagen
Für Kartoffelpüree müssen Sie die Kartoffeln ganz fein zerstampfen oder durch die Kartoffelpresse drücken. Für den feinen Geschmack Butter untermischen, dann die heiße Milch mit dem Schneebesen unterschlagen. So wird das Püree locker.

Abwechslung ist gefragt
Kartoffelpüree läßt sich ganz leicht abwandeln und präsentiert sich so in überraschender Geschmacksvielfalt. Ersetzen Sie etwa ein Drittel der Menge durch Möhren, Knollensellerie, Kohlrabi, Kürbis, dicke Bohnen oder Erbsen.

Fein gehobelt ist halb gegart
Roh gebratene Kartoffeln werden schneller gar, wenn Sie sie mit dem Gurkenhobel zerkleinern. Die Scheiben gleichmäßig im heißen Fett in der Pfanne verteilen und erst einmal braun anbraten. Dann wenden und fertig garen.

Fritieren leicht gemacht
Das Fett muß heiß genug sein, damit sich die Kartoffeln nicht zu sehr damit vollsaugen. Wenn Sie im Topf fritieren, als Test einen hölzernen Stiel ins Fett halten. Steigen kleine Bläschen hoch, ist das Fett heiß genug. Vorsicht, Spritzgefahr! Deshalb: Kartoffeln immer sehr gut trockentupfen.

Originell: Kartoffelnester
Im Handel gibt es spezielle Körbchen. Die feinen Kartoffelstifte (gut abtrocknen!) wie eine Schale in den größeren Korb füllen. Dann den kleineren hineinsetzen, damit die Kartoffeln in Form bleiben, im heißen Fett fritieren. Servieren Sie darin kurzgebratenes Fleisch, Gemüse, Salate …

Einfach gut!

Deftige Kartoffelsuppe

Eine schnelle, preiswerte Suppe, die so sättigend ist, daß sie, nach Belieben mit Wurst ergänzt, auch ein Hauptgericht ersetzen kann.

Kurzrezept

◢ Kartoffeln schälen und würfeln
◢ Speck und Gemüse kleinschneiden
◢ Zutaten anbraten
◢ Flüssigkeit angießen

Ganz einfach

Zutaten für 4 Personen:

50 g durchwachsener Räucherspeck
1 große Möhre
1 Petersilienwurzel
1/4 Sellerieknolle (etwa 100 g)
500 g mehligkochende Kartoffeln
1 Stange Lauch
1 l Gemüse- oder Fleischbrühe
1 Bund Petersilie
Salz
schwarzer Pfeffer, frisch gemahlen
Pro Portion etwa: 900 kJ/210 kcal

1
Den Speck von Schwarte und Knorpeln befreien und klein würfeln. Möhre, Petersilienwurzel, Sellerie und Kartoffeln schälen, waschen und würfeln. Den Lauch putzen, abbrausen und in feine Ringe schneiden.

2
Den Speck in einem Topf bei mittlerer Hitze unter Rühren etwa 10 Minuten ausbraten, bis er glasig und leicht gebräunt ist.

3
Möhre, Petersilienwurzel, Sellerie, Kartoffeln und Lauch dazugeben und ebenfalls kurz anbraten.

4
Die Brühe angießen und alles zum Kochen bringen. Die Suppe zugedeckt bei mittlerer Hitze 15–20 Minuten garen, bis die Kartoffeln weich sind.

5
Inzwischen die Petersilie waschen, trockenschütteln und ohne die groben Stiele fein hacken.

6
Das Gemüse in der Suppe mit dem Kartoffelstampfer etwas zerdrücken. Die Suppe mit Salz und Pfeffer abschmecken und mit der Petersilie bestreut servieren.

Zubereitungszeit: etwa 40 Minuten

Nordseekrabben, geräuchertes Forellenfilet in Stücken oder Tomatenwürfel geben der Suppe zusätzlichen Pfiff.

Kurzrezept

- Kartoffeln und Lauch vorbereiten
- Zutaten anbraten, mit Brühe garen und pürieren
- Brotwürfel rösten

Preiswert

Zutaten für 4 Personen:
500 g mehligkochende Kartoffeln
2 Stangen Lauch
1 Zwiebel
1 1/2 EL Butter
3/4 l Fleisch- oder Gemüsebrühe
1/4 l Milch
2 Scheiben Vollkornbrot
Salz
weißer Pfeffer, frisch gemahlen
Muskatnuß, frisch gerieben
1 Kästchen Gartenkresse

Pro Portion etwa:
1200 kJ/290 kcal

2
Die Hälfte der Butter in einem großen Topf zerlassen. Lauch und Zwiebel darin unter Rühren etwa 2 Minuten andünsten. Die Kartoffeln dazugeben und kurz mitbraten.

3
Brühe und Milch angießen und alles zum Kochen bringen. Die Suppe zugedeckt bei mittlerer Hitze 15–20 Minuten köcheln lassen, bis die Kartoffeln weich sind.

4
Inzwischen das Brot in Würfel schneiden. Die restliche Butter zerlassen und die Brotwürfel darin bei mittlerer Hitze knusprig braun braten.

5
Die fertige Suppe mit dem Pürierstab fein pürieren. Nach Geschmack mit Salz, Pfeffer und Muskat würzen.

Kartoffelcremesuppe mit Kresse

1
Die Kartoffeln waschen, schälen und klein würfeln. Die Lauchstangen putzen und gründlich kalt abbrausen. Die hellen Teile in schmale Ringe schneiden. Die Zwiebel schälen und fein hacken.

6
Die Kresseblättchen abschneiden. Die Suppe in vorgewärmte Teller füllen und mit dem Brot und der Kresse bestreut servieren.

**Zubereitungszeit:
etwa 45 Minuten**

Bratkartoffeln mit Matjes-Gurken-Salat

Bratkartoffeln aus rohen Kartoffeln schmecken besonders gut. Für den Salat können Sie statt Matjes auch Hartkäse oder Bratenreste verwenden.

Kurzrezept

◢ Matjes und Gurken kleinschneiden
◢ Salat mischen und abschmecken
◢ Kartoffeln schälen und hobeln
◢ Kartoffeln braten

Deftig

Zutaten für 2 Personen:
250 g Matjesfilets
1 kleine Salatgurke
1/2 weiße Zwiebel
1 Bund Schnittlauch
150 g saure Sahne
2 EL süße Sahne
Salz
weißer Pfeffer, frisch gemahlen
500 g festkochende Kartoffeln
1 EL Butterschmalz

Pro Portion etwa:
3100 kJ/740 kcal

1
Die Matjesfilets in mundgerechte Stücke schneiden. Die Gurke schälen und längs halbieren. Die Kerne nach Wunsch herauskratzen, die Gurke dann in Stifte schneiden. Die Zwiebel schälen und in feine Ringe schneiden. Den Schnittlauch waschen, trockenschütteln und in feine Röllchen schneiden.

2
Die saure und die süße Sahne mischen, mit den Matjesstücken, der Gurke, der Zwiebel und dem Schnittlauch mischen und den Salat mit wenig Salz und Pfeffer abschmecken.

3
Die Kartoffeln waschen und schälen. Trockentupfen und auf dem Gurkenhobel in feine Scheiben schneiden. Die Scheiben mit Küchenpapier etwas trockentupfen.

4
Das Butterschmalz in einer breiten Pfanne schmelzen lassen. Die Kartoffelscheiben hineingeben und bei mittlerer Hitze so lange darin wenden, bis sie gleichmäßig vom Fett überzogen sind.

5
Die Kartoffeln etwa 15 Minuten braten, bis sie weich und knusprig sind. Dabei immer wieder umrühren.

6
Kartoffeln mit Salz und Pfeffer abschmecken und mit dem Matjessalat servieren.

Zubereitungszeit: etwa 45 Minuten

◢ TIP
Matjes sind junge Heringe mit sehr zartem Fleisch. Sie sind relativ fettreich und sollten deshalb nach dem Einkauf rasch gegessen werden. Matjesheringe sind leicht gesalzen, deshalb vorsichtig abschmecken!

◢ VARIANTE
Gut schmecken auch gebratene Kartoffelwürfel. Die Kartoffeln dafür in Würfel von etwa 1 cm Größe schneiden und in Butterschmalz braten.

Pellkartoffeln mit Fisch-Gurken-Ragout

Ein schnelles Essen, das Sie – wenn es einmal richtig fein sein soll – mit Bamberger Hörnchen und Lachs zubereiten können.

Kurzrezept

- Kartoffeln kochen
- Fisch schneiden
- Gurken entkernen, in Scheiben schneiden
- Zwiebel hacken, mit Gurken anbraten
- Fisch dazugeben

Schnell • Preiswert

Zutaten für 4 Personen:

1 kg vorwiegend festkochende Kartoffeln
2 Zwiebeln
400 g Schmorgurken
1 EL Butter
1/8 l Fisch- oder Gemüsefond (aus dem Glas)
Salz
weißer Pfeffer, frisch gemahlen
600 g festfleischiges Fischfilet (z. B. Kabeljau, Rotbarsch oder Seelachs)
1 EL Zitronensaft
1 großes Bund Dill
1 EL Crème fraîche

Pro Portion etwa: 1700 kJ/400 kcal

1
Wasser in einem Topf erhitzen. Die Kartoffeln unter fließendem Wasser abbürsten. In dem Wasser zugedeckt bei mittlerer Hitze in 20–30 Minuten weich kochen.

2
Die Zwiebeln schälen und fein hacken. Die Gurken schälen, längs halbieren, entkernen und in Scheiben schneiden.

3
Die Butter in einem Topf zerlassen und die Zwiebeln darin bei schwacher Hitze glasig dünsten. Gurken dazugeben und kurz anbraten. Fisch- oder Gemüsefond angießen, alles mit Salz und Pfeffer würzen und zugedeckt bei mittlerer Hitze etwa 5 Minuten schmoren lassen.

4
Inzwischen die Fischfilets kalt abspülen, trockentupfen und würfeln. Mit dem Zitronensaft zu den Gurken geben und alles etwa 5 Minuten zugedeckt köcheln lassen.

5
Den Dill waschen, trockenschütteln und fein hacken. Mit der Crème fraîche unter das Ragout mischen. Eventuell noch einmal salzen und pfeffern.

6
Die Kartoffeln und das Fisch-Gurken-Ragout getrennt servieren.

Zubereitungszeit: etwa 40 Minuten

Schmeckt natürlich auch mit Kartoffeln aus alter Ernte.

Kurzrezept
- Kartoffeln waschen und kochen
- Tomaten häuten und würfeln
- Zwiebel und Kräuter zerkleinern
- Dicke-Bohnen-Gemüse zubereiten

Schnell

Zutaten für 2 Personen:

400 g Tomaten
1 Zwiebel
1 Knoblauchzehe
1 Bund Bohnenkraut
500 g möglichst gleich große neue Kartoffeln
1 EL Öl
300 g tiefgefrorene dicke Bohnen
Salz
weißer Pfeffer, frisch gemahlen
1 Prise Zucker
100 g Crème fraîche
Pro Portion etwa: 2600 kJ/620 kcal

trockenschütteln. Die Blättchen von den Stielen zupfen.

3
Wasser in einem Topf erhitzen. Die Kartoffeln waschen und in dem Wasser bei mittlerer Hitze zugedeckt in etwa 20 Minuten weich kochen.

4
Das Öl in einem Topf erhitzen. Die Zwiebel und den Knoblauch darin glasig dünsten. Die tiefgefrorenen Bohnen dazugeben und kurz mitbraten lassen.

5
Die Tomaten und das Bohnenkraut untermischen. Alles mit Salz, Pfeffer und Zucker abschmecken und zugedeckt bei mittlerer Hitze etwa 10 Minuten garen.

6
Die Crème fraîche unterrühren und alles noch

Kartoffeln mit dicken Bohnen

1
Die Tomaten mit kochendem Wasser überbrühen, kurz darin ziehen lassen, kalt abschrecken, häuten und klein würfeln.

2
Die Zwiebel und den Knoblauch schälen und fein hacken. Das Bohnenkraut waschen und

weitere 10 Minuten köcheln lassen, bis die Bohnen weich sind.

Zubereitungszeit: etwa 50 Minuten

Statt Rinderfilet können Sie auch Kalbsleber oder Pute nehmen.

Kurzrezept

- ◣ Zwiebeln zerkleinern und dünsten
- ◣ Kartoffeln und Äpfel zerkleinern, garen
- ◣ Fleisch schneiden, mit Zwiebeln garen
- ◣ Püree fertigstellen

Für Gäste

Zutaten für 4 Personen:

Für das Zwiebelfleisch:
500 g milde Zwiebeln
20 g Butter
2 EL Olivenöl
700 g Rinderfilet
1 kleines Bund Petersilie
Salz
Für das Püree:
750 g mehligkochende Kartoffeln
250 g säuerliche Äpfel
200 ml Milch
20 g Butter
Salz
weißer Pfeffer, frisch gemahlen
1 Bund Schnittlauch
Pro Portion etwa: 2300 kJ/550 kcal

Kartoffel-Apfel-Püree mit Zwiebelfleisch

1
Für das Zwiebelfleisch die Zwiebeln schälen und in feine Ringe schneiden oder hobeln.

2
In einer Pfanne die Butter und das Öl leicht erhitzen.

3
Die Zwiebeln dazugeben und bei schwacher Hitze etwa 20 Minuten garen.

4
Inzwischen für das Püree die Kartoffeln waschen, schälen und würfeln. In einen Topf geben und etwa 1 cm hoch Wasser angießen. Zugedeckt bei mittlerer Hitze etwa 10 Minuten garen. Die Äpfel putzen, vierteln und hinzufügen. Alles zugedeckt 5–10 Minuten köcheln lassen, bis die Kartoffeln weich sind.

5
Das Fleisch in Streifen schneiden. Die Petersilie waschen, trockenschütteln und fein hacken. Fleisch und Petersilie zu den Zwiebeln geben, bei starker Hitze unter ständigem Rühren etwa 5 Minuten anbraten, salzen.

6
Inzwischen die Milch erhitzen. Kartoffeln und Äpfel abgießen und zerdrücken. Mit der Milch und der Butter verrühren (Seite 20). Salzen, pfeffern und mit dem Schnittlauch bestreut zum Fleisch servieren.

Zubereitungszeit: etwa 1 Stunde

Kartoffelpüree mit Sahnespitzkohl

Wenn Sie dem Püree eine andere Geschmacksrichtung geben wollen, können Sie einen Teil der Kartoffeln durch Möhren oder Sellerie ersetzen.

Kurzrezept

- Kartoffeln schälen, würfeln und kochen
- Spitzkohl waschen und in Streifen schneiden
- Zwiebel und Petersilie zerkleinern
- Spitzkohlgemüse garen

Ganz einfach

Zutaten für 4 Personen:

1 Spitzkohl (etwa 800 g)
1 große Zwiebel
1 großes Bund Petersilie
1 kg mehligkochende Kartoffeln
1–2 EL Butterschmalz
1 TL Kümmel
Salz
weißer Pfeffer, frisch gemahlen
200 g Sahne
1/4 l Milch
20 g Butter
Pro Portion etwa: 2000 kJ/480 kcal

1
Den Spitzkohl waschen und von den äußeren Blättern befreien. Dann längs vierteln, vom Strunk befreien und in Streifen schneiden. Die Zwiebel schälen und fein hacken. Die Petersilie waschen, trockenschütteln und fein hacken.

2
Die Kartoffeln schälen, waschen und würfeln. In einen Topf geben und etwa 2 cm hoch Wasser angießen. Zum Kochen bringen und zugedeckt bei mittlerer Hitze in 15–20 Minuten weich kochen.

3
Das Butterschmalz in einem großen Topf erhitzen. Die Zwiebel darin glasig dünsten. Den Spitzkohl kurz mitbraten. Kümmel, Salz und etwa 100 ml Wasser dazugeben und den Kohl zugedeckt bei mittlerer Hitze in etwa 5 Minuten bißfest garen.

4
Petersilie und Sahne zum Kohl geben, alles weitere 2 Minuten köcheln lassen. Die Milch in einem Topf erhitzen.

5
Die Kartoffeln abgießen und mit dem Kartoffelstampfer zerdrücken. Die Butter und die Milch unterrühren (Seite 20). Das Püree salzen und pfeffern.

Zubereitungszeit: etwa 40 Minuten

Kartoffeltopf mit Kürbis und Huhn

Ein herbstlicher Eintopf, den Sie auch in einer größeren Menge problemlos zubereiten können.

Kurzrezept

- Kartoffeln und Lauch vorbereiten
- Huhn würfeln und anbraten
- Kartoffeln und Lauch vorgaren
- Kürbiswürfel mit dem Fleisch dazugeben

Ungewöhnlich

Zutaten für 4 Personen:

700 g vorwiegend festkochende Kartoffeln

3 Stangen Lauch (etwa 400 g)

400 g Hühnerbrustfilets

Salz

weißer Pfeffer, frisch gemahlen

1 EL Butterschmalz

3/8 l Geflügel- oder Gemüsefond

1 Lorbeerblatt

2 Gewürznelken

1 Stück Speisekürbis (etwa 600 g)

1 Bund Petersilie

etwa 2 EL Weißweinessig

Muskatnuß, frisch gerieben

Pro Portion etwa: 1300 kJ/310 kcal

1
Die Kartoffeln waschen, schälen und in Würfel von etwa 2 cm Kantenlänge schneiden. Den Lauch putzen, längs aufschlitzen, waschen und die weißen und hellgrünen Teile in etwa 2 cm lange Stücke schneiden.

2
Die Hühnerbrustfilets in etwa 2 cm große Stücke schneiden und mit Salz und Pfeffer würzen.

3
Das Butterschmalz in einem großen Topf erhitzen. Das Hühnerfleisch darin unter Rühren von allen Seiten anbraten. Wieder herausnehmen.

4
Kartoffeln und Lauch ins verbliebene Bratfett geben und etwa 2 Minuten anbraten. Den Gemüse- oder Geflügelfond angießen, Lorbeerblatt und Nelken dazugeben und alles zugedeckt bei mittlerer Hitze etwa 15 Minuten kochen lassen.

5
Inzwischen den Kürbis zerteilen und schälen. Das Fruchtfleisch von allen Kernen befreien und in etwa 2 cm große Stücke schneiden.

6
Mit dem Hühnerfleisch zu den Kartoffeln geben und alles noch weitere 5 Minuten köcheln lassen.

7
Inzwischen die Petersilie waschen, trockenschütteln und fein hacken. Lorbeerblatt und Nelken aus dem Eintopf entfernen. Den Eintopf mit Essig, Salz, Pfeffer und Muskat abschmecken und mit der Petersilie bestreut servieren.

Zubereitungszeit: etwa 1 Stunde

TIP
Ursprünglich stammt der Speisekürbis aus dem tropischen Amerika. Im 16. Jahrhundert kam er dann – als leicht veränderte Kulturpflanze – nach Europa.
Ganze Kürbisse können Sie bei Zimmertemperatur problemlos 1 bis 2 Wochen aufbewahren. Angeschnittene Kürbisse halten im Kühlschrank, in Frischhaltefolie gewickelt, etwa 3 Tage.

Wer lieber vegetarisch ißt, läßt den Schinken einfach weg.

Kurzrezept

- Pellkartoffeln kochen
- Tomaten häuten und würfeln
- Schinken, Petersilie und Zwiebel klein-schneiden
- Mehlschwitze zu-bereiten
- Kartoffeln schälen, würfeln und mit allen Zutaten mischen

Preiswert

Zutaten für 3–4 Personen:
800 g vorwiegend festkochende Kartoffeln

400 g Tomaten

100 g gekochter Schinken

1 Bund Petersilie

1 Zwiebel

10 g Butter

1 EL Mehl

1/8 l Fleisch- oder Gemüsebrühe

100 g Sahne

Salz

weißer Pfeffer, frisch gemahlen

Bei 4 Personen pro Portion etwa:
1300 kJ/310 kcal

Kartoffelgemüse mit Tomaten und Schinken

1
Die Kartoffeln waschen und in einen Topf geben. Etwa 2 cm hoch Wasser angießen und zum Kochen bringen. Die Kartoffeln zugedeckt bei mittlerer Hitze in 20–30 Minuten weich kochen.

2
Inzwischen die Tomaten überbrühen, kalt ab-schrecken und häuten. In kleine Würfel schnei-den, dabei die Stiel-ansätze entfernen. Den Schinken würfeln. Die Petersilie waschen, trockenschütteln und fein hacken. Die Zwiebel schälen und fein hacken.

3
Die Butter in einem großen Topf zerlassen und die Zwiebel darin glasig dünsten. Mehl unterrühren und kurz an-rösten. Die Fleisch- oder Gemüsebrühe mit dem Schneebesen einrühren und die Sauce bei mittle-rer Hitze etwa 5 Minuten köcheln lassen. Tomaten, Schinken und Sahne da-zugeben und alles weite-re 5 Minuten kochen lassen.

4
Die Kartoffeln abgießen, etwas ausdämpfen lassen, schälen und in Scheiben schneiden. Mit der Petersilie unter die Sauce mischen und alles mit Salz und Pfeffer ab-schmecken.

Zubereitungszeit: etwa 45 Minuten

Ein schnelles, unkompliziertes Gericht, das Sie ebensogut auch mit Mangold oder jungem Wirsing zubereiten können.

Kurzrezept

- Kartoffeln würfeln und kochen
- Frühlingszwiebeln und Knoblauch hacken
- Spinat garen
- Kartoffeln zerstampfen und mit allen übrigen Zutaten mischen

Ganz einfach

Zutaten für 2 Personen:

500 g mehligkochende Kartoffeln

1 Bund Frühlingszwiebeln

1 Knoblauchzehe

1 TL Butterschmalz

1 Paket tiefgefrorener Blattspinat (300 g)

4 EL trockener Weißwein

100 g Crème fraîche

1 Eigelb

Salz

weißer Pfeffer, frisch gemahlen

Pro Portion etwa: 2000 kJ/480 kcal

1
Die Kartoffeln waschen, schälen, würfeln und in einen Topf geben. Etwa 2 cm hoch Wasser angießen. Die Kartoffeln zugedeckt bei mittlerer Hitze in etwa 20 Minuten weich kochen.

2
Währenddessen die Frühlingszwiebeln putzen, waschen und in feine Ringe schneiden. Den Knoblauch schälen und fein hacken.

3
Das Butterschmalz in einem Topf zerlassen. Frühlingszwiebeln und Knoblauch darin glasig dünsten. Den Spinat unaufgetaut dazugeben. Den Wein angießen und alles zugedeckt bei mittlerer Hitze etwa 10 Minuten kochen, bis der Spinat aufgetaut ist.

4
Die Kartoffeln abgießen, mit dem Kartoffelstampfer grob zerdrücken und zum Spinat geben.

5
Die Crème fraîche mit dem Eigelb verrühren und unter das Gemüse mischen. Nicht mehr kochen lassen, sonst gerinnt das Eigelb. Mit Salz und Pfeffer würzen und servieren.

Zubereitungszeit: etwa 40 Minuten

- TIP
Gut schmeckt es auch, wenn Sie unter die Kartoffeln noch Kapern, Pistazienkerne oder Pinienkerne mischen.

Pommes frites mit scharfer Tomatensauce

Sie schmecken als kleiner Imbiß oder auch – ohne Sauce – als Beilage. Wenn Kinder mitessen, die Pfefferschote weglassen.

Kurzrezept

- Kartoffeln waschen, schälen, schneiden und trockentupfen
- Tomatensauce zubereiten
- Kartoffeln fritieren

Preiswert

Zutaten für 2 Personen:

500 g festkochende Kartoffeln
1 Knoblauchzehe
1/2 frische rote Pfefferschote
1 Bund Petersilie
1 kleine Dose geschälte Tomaten (400 g)
1 EL Olivenöl
Salz
1 Prise Zucker
750 ml raffiniertes Pflanzenöl
Pro Portion etwa: 3000 kJ/710 kcal

1
Die Kartoffeln waschen, schälen und in etwa 1 cm dicke Stäbchen schneiden. Die Stäbchen noch einmal waschen und gründlich trockentupfen.

2
Für die Tomatensauce den Knoblauch schälen.

Die Pfefferschote vom Stielansatz und allen Kernen befreien und waschen. Die Petersilie waschen und trockenschütteln, die Blättchen abzupfen.

3
Tomaten von den Stielansätzen befreien. Mit Knoblauch, Pfefferschote und Petersilie in den Mixer geben und alles fein pürieren.

4
Die Sauce mit dem Olivenöl mischen und mit Salz und Zucker abschmecken.

5
Öl oder Fett in einem hohen Topf oder in der Friteuse erhitzen. Es ist heiß genug, wenn an einem hölzernen Kochlöffelstiel, den Sie ins heiße Fett tauchen, kleine Bläschen aufsteigen (Seite 20).

6
Kartoffeln in zwei bis drei Portionen darin jeweils etwa 2 Minuten fritieren. Dann herausnehmen und auf Küchenpapier abfetten lassen.

7
Das Fett nochmals erhitzen und die Kartoffeln noch einmal pro Portion etwa 4 Minuten fritieren,

bis sie schön knusprig sind.

8
Auf Küchenpapier kurz abfetten lassen, dann mit der Sauce servieren.

Zubereitungszeit: etwa 40 Minuten

TIP
Auf die gleiche Art können Sie Kartoffelchips zubereiten. Sie brauchen längliche, nicht zu dicke Kartoffeln, die Sie schälen und mit dem Gurkenhobel fein schneiden. Die Scheiben waschen und gut abtropfen lassen. Beim ersten Mal 1 Minute, beim zweiten Mal etwa 3 Minuten fritieren. Mit Salz und Paprikapulver oder Cayennepfeffer bestreuen und warm als Beilage oder abgekühlt zum Knabbern servieren. Besonders attraktiv sind Kartoffelnester. Sie brauchen dafür spezielle Fritierkörbe aus Metall, die aus zwei unterschiedlich großen Schalen bestehen. Die größere wird mit Kartoffelstiften oder -scheiben ausgekleidet. Dann den kleineren Einsatz einlegen und die Nester fritieren (Seite 20). Sie schmecken gut mit kurzgebratenem Fleisch oder Gemüse gefüllt.

Kartoffel-Schinken-Pflänzchen mit Kraut

Das Sauerkraut wird mit Cidre (Apfelwein) oder Apfelsaft zubereitet. Statt Sauerkraut können Sie auch gemischten Salat zu den Kartoffel-Schinken-Pflänzchen reichen.

Kurzrezept

◢ Kartoffeln kochen, schälen und pressen
◢ Sauerkraut kochen
◢ Schinken und Petersilie kleinschneiden
◢ Kartoffelteig mit Schinken und Petersilie mischen, zu Pflänzchen formen und braten

Braucht etwas Zeit

Zutaten für 4 Personen:

1 kg mehligkochende Kartoffeln
1 Zwiebel
3–4 EL Butterschmalz
750 g Sauerkraut
etwa 3/8 l Cidre (Apfelwein), ersatzweise Apfelsaft
1 Lorbeerblatt
4 Wacholderbeeren
Salz
50 g gekochter Schinken
1 Bund Petersilie
etwa 100 g Mehl
1 Ei
Muskatnuß, frisch gerieben

Pro Portion etwa:
2100 kJ/500 kcal

1
Die Kartoffeln waschen, in einen Topf geben und etwa 3 cm hoch Wasser angießen. Die Kartoffeln zugedeckt bei mittlerer Hitze in etwa 30 Minuten in der Schale weich kochen.

2
Inzwischen für das Kraut die Zwiebel schälen und fein hacken.

3
In einem Topf 1 Eßlöffel Butterschmalz erhitzen. Die Zwiebel darin glasig dünsten. Das Sauerkraut mit zwei Gabeln lockern und zu der Zwiebel geben. Das Kraut kurz andünsten.

4
Den Cidre, das Lorbeerblatt und die Wacholderbeeren hinzufügen. Das Sauerkraut mit Salz würzen und zugedeckt bei mittlerer Hitze etwa 45 Minuten garen.

5
Die Kartoffeln abgießen, etwas ausdämpfen lassen, schälen und durch die Kartoffelpresse drücken. Den Schinken in Würfel schneiden. Die Petersilie waschen, trockenschütteln, die Blättchen von den Stielen zupfen und fein hacken.

6
Mehl, Ei, Schinken, Petersilie, Salz und Muskat zu den Kartoffeln geben und alles rasch verkneten. Nicht zu lange kneten, sonst wird der Teig zu weich.

7
Den Teig zu einer dicken Rolle formen, diese in etwa 1 1/2 cm dicke Scheiben schneiden. Restliches Butterschmalz in einer Pfanne erhitzen. Die Kartoffelküchlein darin bei schwacher bis mittlerer Hitze pro Seite etwa 5 Minuten braten, bis sie schön gebräunt sind.

8
Die Kartoffelpflänzchen mit dem Sauerkraut servieren.

Zubereitungszeit: etwa 1 1/4 Stunden

◢ TIP
Dieses Grundrezept für Kartoffelpflänzchen läßt sich vielseitig abwandeln. Sie können den Schinken weglassen oder durch geräucherten ersetzen.
Eine südliche Note bekommen die Pflänzchen, wenn Sie sie mit Thymian und Knoblauch würzen.
Einen Teil des Mehls können Sie durch geriebenen Hartkäse ersetzen. Dann die Pflänzchen aber bei sehr schwacher Hitze braten, sonst brennen sie leicht an.

Für feine Suppen

Aroma bekommen Suppen nicht nur durch Gemüse, sondern auch durch Röststoffe. Deshalb Kartoffelwürfel zuerst mit Gemüse und Schalotten oder Zwiebeln in Fett anbraten. Dann die Brühe angießen. Die Suppe garen, bis die Kartoffeln weich sind.

Im Topf pürieren

Suppen lassen sich mit dem Pürierstab direkt im Topf fein zerkleinern. Dann können Sie die sämige Flüssigkeit mit Crème fraîche oder Sahne verfeinern. Und eventuell für einen besonders feinen Geschmack Butterstückchen unterschlagen.

Kartoffeln reiben

Für Klöße aus rohen Kartoffeln brauchen Sie eine Kartoffelreibe, denn auf der Rohkostraspel werden die Kartoffelraspel zwar dünn, aber zu lang. Gut geht es auch im Entsafter, so wird die trockene Masse gleich vom Saft getrennt.

Gut gepreßt

Kartoffelmasse portionsweise in ein grobes Leinentuch geben und ausdrücken. Den Saft dabei auffangen und stehenlassen, bis sich die Stärke abgesetzt hat, dann vorsichtig abgießen und die Stärke zu der Kartoffelmasse geben.

Probekloß

Die gekochten Kartoffeln fein zerdrücken, mit Salz und den rohen Kartoffeln mischen. Einen Probekloß in einen kleinen Topf mit kochendem Salzwasser geben. Bei schwacher Hitze etwa 10 Minuten ziehen lassen. Zerfällt er, noch etwas Speisestärke unter den Teig mischen.

Kroketten & Co

Die Kartoffelmasse kann beliebig geformt und in heißem Öl ausgebacken werden. Gut schmeckt es, wenn Sie die geformten Kartoffelteilchen vor dem Ausbacken in Eiweiß und dann in Semmelbröseln, fein geriebenen Nüssen, Sesamsamen oder Mandelblättchen wälzen.

Raspel für Puffer

Für Puffer die Kartoffeln auf der Rohkostreibe fein zerkleinern. Die Raspel verfärben sich an der Luft leicht braun, Kartoffelpufferteig sieht deshalb vor dem Backen ziemlich unansehnlich aus. Das macht aber gar nichts, denn das ändert sich beim Braten von selbst wieder.

Kartoffelpflänzchen füllen

Den Kartoffelteig, der nicht an den Händen kleben darf, in Stücke teilen. Jedes Stück auf der Hand etwas flach drücken. Auf einer Seite mit der Füllung belegen (einen Rand frei lassen) und die andere Teighälfte darüber klappen. Die Ränder etwas zusammendrücken.

Überraschend

festlich

Wer Lamm nicht so gern mag, nimmt Rindfleisch oder Geflügel.

Kurzrezept

- Kartoffeln, Frühlingszwiebeln und Pfefferschote zerkleinern, anbraten und in der Brühe garen
- Fleisch in Streifen schneiden, Minze waschen
- Fleisch braten und mit der Minze zur Suppe geben

Ungewöhnlich

Zutaten für 4 Personen:

500 g mehligkochende Kartoffeln

1 Bund Frühlingszwiebeln

1 frische, rote Pfefferschote

1 Knoblauchzehe

1 1/2 EL Erdnußöl

1 l Fleischbrühe

Salz

weißer Pfeffer, frisch gemahlen

1 Prise gemahlener Kreuzkümmel

150 g Lammkeule

einige Zweige frische Minze

Pro Portion etwa: 970 kJ/230 kcal

Scharfe Kartoffelsuppe mit Lamm

1

Die Kartoffeln waschen, schälen und würfeln. Die Frühlingszwiebeln putzen, waschen und in feine Ringe schneiden. Die Pfefferschote putzen, längs halbieren, von den Kernen befreien, abspülen und in feine Streifen schneiden. Den Knoblauch schälen und fein hacken.

2

1 Eßlöffel Öl erhitzen. Knoblauch, Zwiebeln und Pfefferschote darin unter Rühren anbraten. Die Kartoffeln kurz mitbraten (Seite 38).

3

Die Fleischbrühe angießen und alles zum Kochen bringen. Mit Salz, Pfeffer und Kreuzkümmel abschmecken, zugedeckt bei mittlerer Hitze etwa 15 Minuten köcheln lassen.

4

Das Lammfleisch in schmale Streifen schneiden. Die Minze kalt abspülen und trockentupfen. Größere Blätter halbieren oder vierteln.

5

Restliches Öl in einer Pfanne erhitzen. Das Fleisch darin bei starker Hitze etwa 1 Minute kräftig braten, mit Salz und Pfeffer abschmecken. Mit der Minze unter die Suppe mischen.

Zubereitungszeit: etwa 1 Stunde

Kartoffel-Tomaten-Suppe mit Safran

Kurzrezept

- Zwiebeln, Knoblauch und Kartoffeln zerkleinern
- Tomaten häuten und hacken
- Gemüse garen

Raffiniert

Zutaten für 4 Personen:
2 Schalotten
2 Knoblauchzehen
1 Bund Frühlingszwiebeln
300 g vorwiegend festkochende Kartoffeln
400 g vollreife Tomaten
3–4 Zweige frischer Thymian
2 EL Olivenöl
3/4 l Gemüsebrühe
1 unbehandelte Orange
1 Döschen Safranfäden
Salz

Pro Portion etwa:
540 kJ/130 kcal

1
Die Schalotten und Knoblauchzehen schälen und fein hacken. Die Frühlingszwiebeln putzen, waschen und in feine Ringe schneiden. Die Kartoffeln waschen, schälen und in feine Scheiben hobeln. Die Tomaten häuten und in kleine Würfel schneiden, dabei die Stielansätze entfernen. Den Thymian waschen, trockenschütteln und die Blättchen von den Stielen streifen.

2
Das Öl in einem großen Topf erhitzen. Schalotten, Knoblauch, Frühlingszwiebeln und Thymian darin andünsten. Die Kartoffeln dazugeben und kurz mitbraten.

3
Die Gemüsebrühe und die Tomaten hinzufügen und alles zum Kochen bringen. Die Suppe zugedeckt bei mittlerer Hitze etwa 15 Minuten köcheln lassen.

4
Die Orange heiß waschen, ein Stück Schale abschneiden und sehr fein hacken. Eine Orangenhälfte auspressen. Den Safran zerreiben und mit dem Orangensaft verrühren.

5
Die Suppe mit der Orangenschale und dem gewürzten Orangensaft aromatisieren, salzen und in vorgewärmten Tellern servieren.

Zubereitungszeit: etwa 1 Stunde

TIP
Fischstreifen oder Garnelen kurz in der fertigen Suppe erwärmen.

Kartoffelcremesuppe mit Knoblauchpilzen

Schmeckt auch mit Pfifferlingen oder Steinpilzen ausgezeichnet.

Kurzrezept

▲ Petersilienwurzeln, Schalotten und Kartoffeln fein schneiden, in Brühe garen
▲ Pilze putzen und in Streifen schneiden
▲ Suppe pürieren und verfeinern
▲ Pilze rösten und würzen

Vegetarisch

Zutaten für 4 Personen:
2 Petersilienwurzeln (etwa 150 g)
2 Schalotten
500 g mehligkochende Kartoffeln
20 g kalte Butter
1 l Gemüsebrühe
Salz
weißer Pfeffer, frisch gemahlen
200 g Champignons oder Shiitakepilze
1 EL Zitronensaft
2 Knoblauchzehen
1–2 EL Olivenöl
2 EL Crème fraîche
Pro Portion etwa:
1200 kJ/290 kcal

1
Die Petersilienwurzeln waschen, schälen und sehr fein würfeln. Die Schalotten schälen und fein hacken. Die Kartoffeln waschen, schälen und klein würfeln.

2
10 g Butter in einem Topf zerlassen, aber nicht bräunen. Schalotten und Petersilienwurzeln darin bei mittlerer Hitze unter Rühren etwa 2 Minuten andünsten. Die Kartoffeln hinzufügen und kurz mitbraten (Seite 38).

3
Die Brühe angießen und alles zum Kochen bringen. Die Suppe mit Salz und Pfeffer abschmecken und zugedeckt bei mittlerer Hitze 15–20 Minuten köcheln lassen, bis die Kartoffeln weich sind.

4
Inzwischen die Pilze putzen und in feine Scheiben schneiden. Mit dem Zitronensaft mischen, damit sie sich nicht verfärben. Den Knoblauch schälen und sehr fein hacken.

5
Die fertige Kartoffelsuppe mit dem Pürierstab pürieren und zugedeckt heiß halten (Seite 38).

6
Das Öl in einer Pfanne erhitzen. Die Pilze darin unter Rühren bei starker Hitze einige Minuten braten, bis sie schön gebräunt sind. Mit Salz und Pfeffer abschmecken. Den Knoblauch untermischen und ganz kurz mitbraten. Die Pfanne sofort vom Herd ziehen.

7
Die Crème fraîche unter die Suppe rühren. Die restliche Butter in kleine Stücke schneiden und mit dem Schneebesen unterschlagen (Seite 38).

8
Die Suppe in vorgewärmte Teller füllen und mit den Pilzen garniert servieren.

Zubereitungszeit: etwa 1 Stunde

▲VARIANTEN
Sie können die Kartoffelsuppe auf einfache, aber ausgesprochen köstliche Art mit Trüffelöl verfeinern: die Suppe wie beschrieben, aber ohne Pilze, zubereiten und in Teller füllen. Jeweils einige Tropfen Trüffelöl darüber geben und die Suppe servieren. Frühlingshaft leicht schmeckt die Suppe, wenn Sie Lachswürfel und blanchierte grüne Spargelspitzen etwa 1 Minute darin erwärmen. Die Suppe mit Kerbel bestreut servieren. Ebenfalls köstlich: einen Teil der Brühe durch trockenen Weißwein ersetzen.

Kartoffel-Kräuter-Kroketten

Sie schmecken als Beilage zu Fleisch und/oder Gemüse, aber auch als Hauptgericht mit Salat. Dann reicht die Menge nur für 2–3 Personen.

Kurzrezept
⊿ Kartoffeln garen, durchpressen und mit den Kräutern zum Teig mischen
⊿ Masse zu Kroketten formen, in Ei und Semmelbröseln panieren
⊿ Öl heiß werden lassen, Kroketten fritieren

Ungewöhnlich

Zutaten für 4 Personen:
750 g mehligkochende Kartoffeln
je 1/2 Bund Petersilie und Basilikum
2 Eigelb
1–2 EL Mehl
Salz
weißer Pfeffer, frisch gemahlen
1 Ei
2 EL Milch
50 g Semmelbrösel
750 ml raffiniertes Pflanzenöl oder Butterschmalz

Pro Portion etwa: 2000 kJ/480 kcal

1
Die Kartoffeln waschen, schälen, würfeln und in einen Topf geben. Etwa 2 cm hoch Wasser angießen und die Kartoffeln zugedeckt bei mittlerer Hitze in etwa 15 Minuten weich kochen.

2
Die Kräuter waschen, trockenschütteln und fein hacken.

3
Die Kartoffeln abgießen, etwas ausdämpfen lassen und noch heiß durch die Kartoffelpresse drücken.

4
Die Kartoffelmasse mit den Eigelben, dem Mehl und den Kräutern mischen und mit Salz und Pfeffer abschmecken. Den Teig auf wenig Mehl zu Röllchen von etwa 5 cm Länge und 3 cm Dicke formen.

5
Ei und Milch verquirlen. Semmelbrösel auf einen Teller geben. Das Fett in einem breiten Topf oder in der Friteuse erhitzen (Seite 20).

6
Die Kroketten zuerst im Ei, dann in den Semmelbröseln wälzen (Seite 38). Portionsweise im heißen Fett 2–3 Minuten fritieren, bis sie goldgelb sind. Auf Küchenpapier abfetten lassen.

Zubereitungszeit: etwa 1 Stunde

Sie können auch Taler formen und diese in der Pfanne braten. Das spart Fett. Dazu passen scharfer Gurkenjoghurt, scharfe Tomatensauce oder Salat.

Kurzrezept

◢ Kartoffeln garen und durchpressen
◢ Schalotte, Knoblauch und Ingwer kleinschneiden, untermischen
◢ Masse zu Bällchen formen, in Eiweiß und Sesamsamen wälzen
◢ Öl erhitzen, Bällchen darin fritieren

Raffiniert

Zutaten für 4 Personen:
750 g mehligkochende Kartoffeln
1 Knoblauchzehe
1 Schalotte
1 kleines Stück frischer Ingwer (etwa 1 cm)
einige Blättchen frische Minze oder Zitronenmelisse
2 Eier
1–2 EL Mehl
Salz
weißer Pfeffer, frisch gemahlen
1 Prise gemahlener Koriander
1 Prise Cayennepfeffer
etwa 50 g Sesamsamen
750 ml raffiniertes Pflanzenöl oder Butterschmalz
Pro Portion etwa:
2000 kJ/480 kcal

1
Die Kartoffeln waschen, schälen, würfeln und in wenig Wasser in etwa 15 Minuten weich garen.

2
Knoblauch, Schalotte und Ingwer schälen und sehr fein hacken. Minze oder Melisse fein hacken.

3
Die Eier trennen. Die Kartoffeln abgießen, etwas ausdämpfen lassen, heiß durchpressen und mit den zerkleinerten Zutaten, den Eigelben und Mehl zu einem weichen, aber formbaren Teig verarbeiten. Mit Salz, Pfeffer, Koriander und Cayennepfeffer würzen und zu etwa tischtennisballgroßen Kugeln formen.

4
Eiweiße in einem tiefen Teller mit einer Gabel verquirlen. Sesamsamen in einen Teller geben. Das Öl oder Butterschmalz in einem hohen Topf oder einer Friteuse erhitzen (Seite 20). Die Kartoffelbällchen im Eiweiß, dann in den Sesamsamen wälzen. Im heißen Fett etwa 3 Minuten fritieren. Auf Küchenpapier entfetten.

**Zubereitungszeit:
etwa 1 Stunde**

Kartoffelbällchen im Sesammantel

Rohe Kartoffelknödel mit Entenragout

Kurzrezept

- Ente in Stücke teilen
- Zwiebeln und Gemüse zerkleinern
- Ente braten, Gemüse zugeben, schmoren
- Einen Teil Kartoffeln kochen, Rest schälen und fein reiben
- Kartoffeln mischen, formen und garen

Braucht etwas Zeit

Zutaten für 4–6 Personen:
1 Ente (etwa 1,8 kg)
2 Zwiebeln
2 Bund Suppengrün
Salz · Pfeffer
1/4 l trockener Rotwein
1/8 l Geflügelbrühe
1 Lorbeerblatt
2 kg mehligkochende Kartoffeln
1 EL Weißweinessig
2 Scheiben Toastbrot
10 g Butter
eventuell Speisestärke oder Semmelbrösel
2 unbehandelte Orangen
Bei 6 Personen
pro Portion etwa:
2600 kJ/620 kcal

1
Die Ente in etwa 18 Stücke schneiden. Die Zwiebeln schälen, das Suppengrün putzen und beides fein würfeln.

2
Die Entenstücke mit Salz und Pfeffer würzen. In einem erhitzten Schmortopf portionsweise bei mittlerer bis starker Hitze braten, bis das Fett zu einem großen Teil ausgelassen ist und die Stücke braun sind.

3
Das Fleisch herausnehmen und das Fett bis auf einen dünnen Film abgießen. Die Zwiebeln und das Suppengrün darin anbraten. Die Entenstücke außer den Brustteilen wieder dazugeben. Wein, Brühe und Lorbeerblatt hinzufügen und bei mittlerer Hitze zugedeckt etwa 45 Minuten schmoren lassen. Dann die Bruststücke hinzufügen und alles weitere 45 Minuten zugedeckt schmoren lassen.

4
Während das Ragout gart, 600 g Kartoffeln waschen, schälen, würfeln, in einen Topf geben, salzen und etwa 2 cm hoch Wasser angießen. Die Kartoffeln zugedeckt bei mittlerer Hitze in etwa 20 Minuten weich garen, dann abgießen und fein zerdrücken.

5
Inzwischen in einer Schüssel etwa 1/4 l Wasser mit dem Essig mischen. Die übrigen Kartoffeln schälen und ins Essigwasser fein reiben, dann in einem Küchentuch portionsweise ausdrücken. Die Flüssigkeit auffangen. Ausgepreßte Kartoffeln sofort mit dem heißen Kartoffelpüree mischen und salzen.

6
Die Flüssigkeit stehenlassen, bis sich die Stärke abgesetzt hat. Die Flüssigkeit vorsichtig abgießen und die Stärke zum Kartoffelteig geben.

7
Das Toastbrot würfeln. Die Butter in einer Pfanne zerlassen, die Brotwürfel darin bei mittlerer Hitze braun braten.

8
Aus der Kartoffelmasse einen kleinen Probekloß formen und kochen (Seite 38). Wenn der Probekloß zerfällt, noch etwas Speisestärke oder Semmelbrösel unter den Teig mischen. Behält er seine Form, die restliche Masse zu etwa tennisballgroßen Klößen formen, dabei jeweils einige Brotwürfel in die Mitte geben (Seite 56). Die Klöße im heißen Salzwasser einmal aufkochen lassen, dann ohne Deckel bei mittlerer Hitze etwa 25 Minuten ziehen lassen.

9
Die Orangen waschen, die Schale abreiben, den Saft auspressen. Beides zum Ragout geben.

**Zubereitungszeit:
etwa 2 1/2 Stunden**

Pellkartoffeln mit verschiedenen Saucen

Kurzrezept

- Gurken, Sesam und Joghurt mischen
- Gemüse zerkleinern und mit Quark mischen
- Gorgonzola mit Crème fraîche, Frühlingszwiebeln, Tomaten und Kräutern mischen
- Kartoffeln garen

Preiswert • Für Gäste

Zutaten für 8 Personen:
Für den Gurken-Joghurt:
1 EL Sesamsamen
1–2 Knoblauchzehen
1 Salatgurke
Salz
500 g Joghurt
weißer Pfeffer, frisch gemahlen
Für den Gemüse-Quark:
1 Möhre
1 Stange Staudensellerie
1 Bund Schnittlauch
1 Bund Petersilie
500 g Schichtkäse
100 g saure Sahne
1 TL scharfer Senf
Salz
weißer Pfeffer, frisch gemahlen
Für die Käsecreme:
250 g Gorgonzola
100 g Crème fraîche
2 Frühlingszwiebeln
2 Tomaten
1 Bund Basilikum
Salz
Pfeffer, frisch gemahlen
2 kg mittelgroße, vorwiegend festkochende Kartoffeln
Pro Portion etwa:
2100 kJ/500 kcal

1

Für den Gurken-Joghurt den Sesam in einer Pfanne ohne Fett bei mittlerer Hitze unter Rühren rösten, bis er würzig duftet. Den Knoblauch schälen und pressen. Die Gurke schälen, längs halbieren und die Kerne herauskratzen. Die Gurke grob raspeln, salzen und etwas ziehen lassen. Ausdrücken und mit Joghurt und Knoblauch mischen. Salzen, pfeffern und mit dem Sesam bestreuen.

2

Für den Gemüsequark Möhre und Sellerie putzen und kleinschneiden. Die Kräuter waschen und fein hacken. Den Schichtkäse mit saurer Sahne und Senf verrühren. Gemüse und Kräuter untermischen. Salzen und pfeffern.

3

Für die Käsecreme den Gorgonzola mit einer Gabel zerdrücken. Crème fraîche untermengen. Die Frühlingszwiebeln putzen, waschen und in feine Ringe schneiden. Tomaten waschen und sehr klein würfeln. Basilikum waschen und in feine Streifen schneiden. Alles unter die Käsecreme mischen. Salzen und pfeffern.

4

Die Kartoffeln gründlich waschen. In zwei großen Töpfen oder portionsweise nacheinander in Wasser in 20–30 Minuten weich garen.

5

Die Kartoffeln in Schüsseln füllen und mit den Saucen servieren.

Zubereitungszeit: etwa 1 Stunde

TIP

Gut schmeckt dazu zusätzlich eine pikant gewürzte Butter (siehe Foto). Dafür 2 Schalotten und 1 Koblauchzehe schälen und mit Kräutern und 2 abgespülten Sardellenfilets im Mixer fein zerkleinern. Mit 2 EL Zitronensaft und 1 EL Cognac unter 125 g weiche Butter mischen. Mit Salz, Cayennepfeffer und Curry würzen.

Gefüllte Kartoffelpflänzchen

Schmecken am besten mit italienischem Schinken und Mozzarella aus Büffelkuhmilch.

Kurzrezept

◢ Kartoffeln kochen, schälen und durchpressen
◢ Mit Mehl und Ei mischen
◢ Schinken, Schalotte und Mozzarella kleinschneiden
◢ Pflänzchen formen, füllen und braten

Braucht etwas Zeit

Zutaten für 4 Personen:

750 g mehligkochende Kartoffeln	
100 g Mehl	
1 Ei	
Salz	
50 g roh geräucherter Schinken	
1 Schalotte	
1 Knoblauchzehe	
125 g Mozzarella	
weißer Pfeffer, frisch gemahlen	
1 TL Thymianblättchen (möglichst frisch)	
2 EL Butterschmalz	

Pro Portion etwa:
1700 kJ/400 kcal

1
Die Kartoffeln waschen und in wenig Wasser zugedeckt in etwa 30 Minuten garen. Kartoffeln schälen, heiß durch die Presse drücken und etwas abkühlen lassen.

2
Mehl, Ei und Salz hinzufügen und alles kurz, aber gründlich mischen.

3
Schinken würfeln. Schalotte und Knoblauch schälen und sehr fein hacken.

4
Schinken, Schalotte und Knoblauch in einer Pfanne ohne Fett unter Rühren erhitzen, bis die Schalotte glasig ist. Abkühlen lassen.

5
Mozzarella klein würfeln. Mit Schinkenmasse mischen und mit Pfeffer und Thymian fein abschmecken.

6
Kartoffelteig in 8 Stücke teilen. Jedes Stück flachdrücken, Schinkenfüllung auf eine Hälfte geben, die andere darüberklappen und die Ränder zusammendrücken (Seite 38).

7
Butterschmalz in einer Pfanne erhitzen. Pflänzchen darin pro Seite bei mittlerer bis schwacher Hitze etwa 5 Minuten braten.

Zubereitungszeit: etwa 1 Stunde

Dazu schmecken ein bunt gemischter Salat und knuspriges Brot.

Kurzrezept

- Kartoffeln schälen und raspeln
- Mit Mehl und Ei mischen, abschmecken
- Fleisch würzen, in Kartoffelmasse hüllen
- In einer Pfanne knusprig braten

Raffiniert

Zutaten für 4 Personen:
250 g mehligkochende Kartoffeln
3 EL Mehl
1 Ei
Salz
weißer Pfeffer, frisch gemahlen
4 Rindersteaks (je etwa 180 g)
1–2 EL Sonnenblumenöl
Pro Portion etwa:
1400 kJ/330 kcal

3

Öl in einer Pfanne erhitzen. Die Steaks hineingeben und bei mittlerer Hitze pro Seite etwa 5 Minuten braten, bis die Kruste schön gebräunt und knusprig ist.

Zubereitungszeit: etwa 40 Minuten

TIP
Statt Rindfleisch schmecken in dieser Kruste auch Geflügel, festfleischiger Fisch oder Gemüse wie Auberginenscheiben oder vorgegarter Sellerie.
Sollte der Kartoffelteig einmal zu flüssig sein, geben Sie 1 Eßlöffel davon in die Pfanne, legen das Steak darauf und bedecken es mit 1 weiteren Eßlöffel Teig.

Rindfleisch mit Kartoffelkruste

1

Kartoffeln waschen, schälen und auf der Kartoffelreibe fein reiben. Flüssigkeit, die sich dabei bildet, abgießen (Seite 38). Kartoffeln mit dem Mehl, dem Ei, Salz und Pfeffer mischen.

2

Rindersteaks mit Salz und Pfeffer würzen. Jedes Fleischstück mit dem Kartoffelteig umhüllen.

Kartoffelpuffer mit Rotkohl-Cassis-Gemüse

Das beliebte Gericht heißt auch Reibekuchen oder Reiberdatschi.

Kurzrezept

- Rotkohl putzen und in Streifen schneiden
- Rotkohl mit Zwiebel anbraten und garen
- Kartoffeln schälen und fein reiben
- Kartoffelteig mischen und Puffer backen

Braucht etwas Zeit

Zutaten für 4 Personen:
1 Kopf Rotkohl (etwa 1,3 kg)
1 Zwiebel
etwa 40 g Butterschmalz
1 Gewürznelke
1 Lorbeerblatt
1 Stück Zimtstange
Salz
weißer Pfeffer, frisch gemahlen
1 kg mehligkochende Kartoffeln
1 Ei
3–4 EL Mehl
3 EL Cassis (Johannisbeerlikör; ersatzweise Johannisbeersaft)
2 TL Rotweinessig

Pro Portion etwa: 1600 kJ/380 kcal

1
Für das Gemüse den Rotkohl von den äußeren Blättern befreien, waschen und vierteln. Den Strunk jeweils keilförmig herausschneiden und die Viertel in Streifen schneiden oder hobeln. Die Zwiebel schälen und hacken.

2
In einem großen Topf 10 g Butterschmalz zerlassen. Die Zwiebel darin glasig dünsten. Den Rotkohl hinzufügen und kurz anbraten. Dann 200 ml Wasser angießen, Gewürznelke, Lorbeerblatt und Zimtstange untermischen.

3
Den Rotkohl mit Salz und Pfeffer abschmecken und zugedeckt bei mittlerer bis schwacher Hitze etwa 30 Minuten köcheln lassen. Dabei immer wieder durchrühren.

4
Für die Puffer die Kartoffeln waschen, schälen und auf der Rohkostreibe fein zerkleinern oder in der Küchenmaschine zerkleinern (Seite 38). Wenn sich dabei viel Flüssigkeit bildet, die Flüssigkeit ablaufen lassen.

5
Die Kartoffeln mit Ei und Mehl mischen. Den Teig mit Salz abschmecken.

6
In einer Pfanne 10 g Butterschmalz erhitzen.

7
Von dem Kartoffelteig jeweils mit einem Eßlöffel Puffer in die Pfanne setzen und etwas flachdrücken. Kartoffelpuffer bei mittlerer Hitze etwa 5 Minuten backen, dann wenden und noch einmal etwa 5 Minuten backen. Gebackene Puffer jeweils im Backofen bei 75° warm halten und beim Backen immer wieder etwas Fett zugeben.

7
Wenn alle Puffer gebacken sind, das Lorbeerblatt, die Zimtstange und, wenn möglich, die Gewürznelke aus dem Rotkohl entfernen. Den Rotkohl mit dem Cassis und dem Essig mischen und eventuell noch mit etwas Salz und Pfeffer nachwürzen.

8
Kartoffelpuffer mit dem Rotkohl servieren.

Zubereitungszeit: etwa 1 1/4 Stunden

TIP
Soll das Essen besonders festlich sein, servieren Sie zusätzlich gebratene Entenbrust. 1 Entenbrust von etwa 300 g braucht insgesamt etwa 15 Minuten Bratzeit.
Statt Rotkohl schmecken auch Sauerkraut und Apfelmus dazu. Die Rezepte finden Sie auf den Seiten 36 und 70.

Kartoffelnudeln mit Radicchiogemüse

Wer Radicchio nicht so gerne mag, nimmt Spinat, Mangold, Chinakohl oder Endiviensalat.

Kurzrezept

⊿ Kartoffeln kochen, zerdrücken und zum Teig mischen

⊿ Teig zu Nudeln formen, kochen und trocknen lassen

⊿ Radicchio, Zwiebel und Knoblauch schneiden, garen

⊿ Kartoffelnudeln braten

Raffiniert • Vegetarisch

Zutaten für 4 Personen:
1 kg mehligkochende Kartoffeln
etwa 150 g Mehl
Salz
Muskatnuß, frisch gerieben
1 Ei
1 Eigelb
600 g Radicchio
1 Zwiebel
1 Knoblauchzehe
1 Bund frisch gehackte Petersilie
3 EL Sonnenblumenöl oder Butterschmalz
4 EL trockener Weißwein
weißer Pfeffer, frisch gemahlen
1/2 TL Zucker
200 g Crème fraîche
Pro Portion etwa:
2700 kJ/640 kcal

1
Kartoffeln waschen, in einen Topf geben, etwa 3 cm hoch Wasser angießen, zum Kochen bringen. Zugedeckt bei mittlerer Hitze etwa 30 Minuten garen, bis die Kartoffeln weich sind.

2
Kartoffeln abgießen, kalt abschrecken und schälen. Noch heiß durch die Kartoffelpresse drücken, auf ein Brett geben, abkühlen lassen (Seite 56).

3
Dann Mehl, Salz und Muskat darüber verteilen und alles etwas zerbröseln. Ei und Eigelb vermischen und darüber verteilen. Alles schnell verkneten. Nicht zu lange kneten, sonst wird der Teig weich. Sollte er trotzdem zu weich sein, mehr Mehl untermischen.

4
Teig halbieren und jeweils zu einer Rolle von etwa 2 cm Durchmesser formen. Kleine Stücke abschneiden und jeweils zu fingerlangen Rollen formen (Seite 56).

5
In einem großen Topf reichlich Salzwasser zum Kochen bringen. Die Nudeln portionsweise hineingeben und jeweils etwa 1 Minute köcheln lassen. Die Kartoffelnudeln abschrecken und auf einem Brett nebeneinander etwa 1 Stunde trocknen lassen.

6
Radicchio putzen und waschen, den Strunk in der Mitte herausschneiden. Den Radicchio in Streifen schneiden. Zwiebel und Knoblauch schälen und fein hacken.

7
In einem Topf 1 Eßlöffel Öl oder Schmalz erhitzen. Zwiebel und Knoblauch darin glasig dünsten. Radicchio hinzufügen und kurz anbraten.

8
Wein angießen, Radicchio mit Salz, Pfeffer und Zucker abschmecken und zugedeckt bei schwacher Hitze etwa 5 Minuten schmoren.

9
Inzwischen restliches Fett in einer Pfanne erhitzen. Kartoffelnudeln darin bei mittlerer Hitze insgesamt etwa 10 Minuten braten, bis sie schön gebräunt sind.

10
Crème fraîche und Petersilie zum Radicchio geben und alles offen bei starker Hitze etwas einkochen lassen. Radicchiogemüse eventuell noch etwas abschmecken, dann mit den Kartoffelnudeln servieren.

Zubereitungszeit: etwa 2 Stunden

Durchtrieben
Die Kartoffeln schälen und am besten durch die Kartoffelpresse drücken. Auch ein Kartoffelstampfer geht gut. Kartoffeln aber nie in der Küchenmaschine zerkleinern, denn dadurch werden sie feucht und zäh.

Frisch gekocht
Wenn Sie die Kartoffeln nicht vom Vortag verwenden, sondern frisch kochen, die zerdrückte Masse auf der Arbeitsfläche etwas ausbreiten und abkühlen lassen. Erst dann weiter zu einem Teig verarbeiten.

Klöße füllen und formen
Die Masse zu Kugeln formen und auf der Handfläche flachdrücken. Die Füllung hineingeben: beispielsweise für Aprikosenknödel je 1 Aprikose mit 1 Stück Würfelzucker füllen und auf den Teig legen. Den Teig um die Aprikose zusammendrücken.

Kartoffelnudeln formen
Den Teig zu einer Rolle formen. Stücke von etwa 2 cm Dicke abschneiden und zu fingerlangen, spitzen Nudeln rollen, backen oder braten. Beim Braten werden sie fester, wenn Sie sie vorher in Salzwasser kochen und anschließend trocknen.

Raspel für Rösti
Die gekochten Kartoffeln schälen und auf einer Rohkostreibe grob raspeln. Butterschmalz in einer Pfanne erhitzen. Die Masse hineingeben, einmal im Fett wenden, dann zu einem Fladen zusammendrücken. Den Fladen backen, bis er sich vom Pfannenboden lösen läßt.

Wenden mit System
Ist die Unterseite der Rösti schön gebräunt und läßt sie sich vom Pfannenboden lösen, geht es ans Wenden. Die Rösti auf einen Teller gleiten lassen und mit Hilfe eines zweiten Tellers stürzen. Mit der ungebackenen Seite nach unten in die Pfanne geben und fertigbacken.

Kartoffelschmarrn
Fett in einer Pfanne erhitzen. Den Kartoffelteig darin verteilen und auf der Unterseite backen, bis er schön gebräunt ist und sich löst. Den Teig wenden und braten, dann mit dem Pfannenwender und einer Gabel in Stücke rupfen und unter gelegentlichem Rühren fertigbacken.

Kartoffelpfannen
Für Bratkartoffeln und bunt gemischte Kartoffelpfannen die gekochten Kartoffeln nach dem Schälen nicht zu dünn schneiden. 1/2 cm Dicke ist ideal, dann halten sie beim Garen besser zusammen.

Raffiniert ver

wandelt

Aprikosenklöße

Schmecken auch mit Zwetschgen sehr gut.

Kurzrezept

- Kartoffeln schälen, reiben
- Aprikosen waschen, vom Kern befreien und mit Würfelzucker füllen
- Klöße formen und mit je 1 Aprikose füllen
- Klöße in Salzwasser garen, mit gerösteten Semmelbröseln und Zimtzucker servieren

Preiswert

Zutaten für 4 Personen:
1 kg gegarte mehligkochende Kartoffeln vom Vortag
etwa 150 g Mehl
Salz
etwa 20 vollreife Aprikosen
etwa 20 Stück Würfelzucker
50 g Butter
50 g Semmelbrösel
1 EL Zucker
1 TL Zimtpulver
Pro Portion etwa:
2300 kJ/550 kcal

1
Die Kartoffeln schälen und fein reiben oder durch die Kartoffelpresse drücken. Mit dem Mehl und 1 Prise Salz mischen, bis ein gebundener Teig entsteht, der nicht an den Fingern klebt (Seite 56).

2
Die Aprikosen waschen und abtrocknen. Die Früchte längs auf-, aber nicht durchschneiden. Die Kerne entfernen.

3
In jede Aprikose 1 Stück Würfelzucker geben. Den Teig in etwa 20 gleich große Stücke teilen. Jedes Stück in der bemehlten Hand zu einem runden Teigstück formen.

4
Das Stück etwas flachdrücken. 1 Aprikose darauf legen und den Teig darüber zusammendrücken. Die Klößchen etwas nachformen, so daß der Teig möglichst an allen Stellen gleich dick ist (Seite 56).

5
In einem großen Topf reichlich Salzwasser zum Kochen bringen. Die Klöße hineinlegen und einmal aufkochen lassen. Dann bei mittlerer Hitze etwa 15 Minuten ziehen lassen, bis sie an die Oberfläche steigen. Das Wasser soll leise sieden, aber nicht sprudelnd kochen.

6
Inzwischen die Butter in einem Topf schmelzen, aber nicht bräunen. Die Semmelbrösel hinzufügen und unter Rühren etwa 5 Minuten braten, bis sie goldbraun sind.

7
Den Zucker und den Zimt mischen. Die Klöße mit einem Schaumlöffel aus dem Wasser heben, auf vorgewärmte Teller geben und mit den Semmelbröseln und dem Zimtzucker bestreuen.

Zubereitungszeit: etwa 45 Minuten

- TIP
Statt der Aprikosen können Sie auch geröstete Brotwürfel in die Klöße füllen. Dann sind sie eine ideale Beilage zu Braten und Schmorgerichten. Sie brauchen dafür 1 Scheibe Toastbrot, gewürfelt und in Butter rundherum knusprig geröstet. Sie können aber gut auch die doppelte Menge zubereiten. Übrig gebliebene Klöße schmecken sehr gut, wenn man sie in Scheiben schneidet und in Butter- oder Gänseschmalz knusprig röstet.

Kartoffel-Sardellen-Gratin

Ein besonders schnelles Backofengericht, dem niemand anmerkt, daß es sich um eine Resteverwertung handelt.

Kurzrezept
- Kartoffeln schälen und in Scheiben schneiden
- Restliche Zutaten würfeln
- Kartoffeln mit den Zutaten belegen und überbacken

Ganz einfach

Zutaten für 2 Personen:
500 g Pellkartoffeln
1 Tomate (etwa 120 g)
150 g Mozzarella
1 Knoblauchzehe
5 Sardellenfilets (aus dem Glas)
1 EL Olivenöl
Salz
weißer Pfeffer, frisch gemahlen
Pro Portion etwa: 1700 kJ/400 kcal

1
Die Kartoffeln schälen und in etwa 1 cm dicke Scheiben schneiden. Nebeneinander in eine feuerfeste Form legen.

2
Die Tomate waschen und klein würfeln. Den Mozzarella abtropfen lassen und ebenfalls würfeln. Den Knoblauch schälen und fein hacken.

Die Sardellenfilets kalt abspülen und fein hacken. Alle diese Zutaten mit dem Olivenöl mischen.

3
Den Backofen auf 250° vorheizen. Kartoffeln mit Salz und Pfeffer würzen und mit der Mozzarellamischung bedecken.

4
Kartoffeln im Backofen (Mitte; Gas Stufe 5) etwa 12 Minuten gratinieren, bis der Käse geschmolzen ist.

Zubereitungszeit: etwa 30 Minuten

TIP
Noch pikanter schmekken die Kartoffeln, wenn Sie schwarze, in Streifen geschnittene Oliven und Kapern unter die Mozzarellamasse mischen.

Kurzrezept

▲ Kartoffeln zerdrücken
▲ Mit Mehl und anderen Zutaten mischen
▲ Nudeln formen, in eine Form geben
▲ Eiermilch rühren und darüber verteilen

Preiswert

Zutaten für 2–3 Personen:
500 g gegarte mehlig-kochende Kartoffeln vom Vortag

75 g Mehl

2 Eier

Salz

Pfeffer, frisch gemahlen

20 g zerlassene Butter

1/2 Bund Thymian oder Petersilie

1/8 l Milch

Muskatnuß, frisch gerieben

Fett für die Form

Bei 3 Personen
pro Portion etwa:
1500 kJ/360 kcal

nudeln nebeneinander hineinlegen und mit der Butter bestreichen.

3
Die Kartoffelnudeln im Backofen (Mitte; Gas Stufe 4) etwa 15 Minuten backen, bis sie goldgelb sind.

4
Inzwischen den Thymian oder die Petersilie waschen, trockenschütteln und die Blättchen abzupfen. Die Petersilienblättchen fein hacken. Das übrige Ei mit der Milch verquirlen. Den Thymian oder die Petersilie untermischen und die Eiermilch mit Salz, Pfeffer und Muskat abschmecken.

5
Die Eiermilch vom Rand her in die Form gießen.

Gratinierte Kartoffelnudeln

1
Die Kartoffeln schälen und zerdrücken. Mit dem Mehl und 1 Ei verkneten, mit Salz und Pfeffer würzen. Den Teig zu Rollen formen. Gleich große Stücke abschneiden und zu etwa fingerlangen Nudeln formen (Seite 56). Den Backofen auf 230° vorheizen.

2
Eine feuerfeste Form ausfetten. Die Kartoffel-

Alles noch etwa 10 Minuten backen, bis die Eiermilch gestockt und die Oberfläche schön gebräunt ist.

Zubereitungszeit: etwa 45 Minuten

▲ TIP
Je nach Geschmack können Sie statt Thymian oder Petersilie auch Salbei, Rucola oder Basilikum nehmen.

Züricher Rösti mit Sahnepilzen

Wenn Sie die Rösti mit frisch gekochten Kartoffeln zubereiten möchten, müssen Sie die Kartoffeln frühzeitig kochen, denn sie sollten mindestens 3 Stunden abkühlen, damit sie sich gut reiben lassen.

Kurzrezept

- Kartoffeln schälen und grob raspeln
- In Fett kurz anbraten, zu Fladen drücken
- Pilze, Zwiebel und Petersilie kleinschneiden
- In Öl braten und mit Sahne verfeinern

Vegetarisch

Zutaten für 2 Personen:
500 g vorwiegend festkochende Pellkartoffeln vom Vortag
Salz
weißer Pfeffer, frisch gemahlen
250 g Champignons oder Egerlinge
1 EL Zitronensaft
1 Zwiebel
1 Bund Petersilie
3 EL Butterschmalz
150 g Sahne
Pro Portion etwa: 2400 kJ/570 kcal

1
Die Kartoffeln schälen und auf der Rohkostreibe grob raspeln (Seite 56). Mit Salz und Pfeffer würzen.

2
Die Pilze putzen und eventuell kurz kalt abspülen, dann in Scheiben schneiden und mit dem Zitronensaft mischen.

3
Die Zwiebel schälen und fein hacken. Die Petersilie waschen, trockenschütteln und ohne die groben Stiele ebenfalls fein hacken.

4
Für die Rösti 1 Eßlöffel Butterschmalz in einer Pfanne zerlassen. Die Kartoffelmasse dazugeben und kurz rühren, bis die Kartoffeln vom Fett überzogen sind.

5
Die Kartoffeln dann zu einem Fladen zusammendrücken und bei mittlerer bis schwacher Hitze etwa 10 Minuten braten, bis die Unterseite gebräunt ist und zusammenhält.

6
Die Rösti auf einen Teller gleiten lassen, mit einem zweiten Teller oder Pfannendeckel stürzen. Wieder 1 EL Butterschmalz in der Pfanne erhitzen. Die Rösti mit der ungebackenen Seite nach unten vorsichtig in die Pfanne gleiten lassen und diese Seite in etwa 10 Minuten knusprig braten (Seite 56).

7
Inzwischen das restliche Butterschmalz in einer anderen Pfanne oder in einem Topf erhitzen. Die Zwiebel darin glasig dünsten. Die Pilze dazugeben und unter Rühren braten, bis sie gebräunt sind.

8
Die Petersilie und die Sahne hinzufügen und die Pilze mit Salz und Pfeffer würzen. Die Pilze bei mittlerer Hitze offen etwa 5 Minuten garen, bis die Sauce sämig eingekocht ist.

Zubereitungszeit: etwa 40 Minuten

TIP
Am besten gelingt die Rösti in einer beschichteten Pfanne. Sie backt nicht an und läßt sich leichter wenden. Außerdem brauchen Sie zum Braten weniger Fett.

VARIANTE
Eine Rösti läßt sich vielseitig abwandeln: Mischen Sie die Kartoffeln mit ausgelassenen Speckwürfeln, Kräutern oder klein gewürfeltem Käse. Das Pilzragout können Sie mit Fleischstreifen von Lamm, Kalb, Rind oder Pute anreichern.

Bratkartoffeln

Sie schmecken als Beilage zu gekochtem Fleisch, zum Beispiel Tafelspitz. Wenn Sie Bratenreste mitbraten und Eier untermischen, bekommen Sie das bekannte »Tiroler Gröstl«.

Kurzrezept

- Kartoffeln schälen und in Scheiben schneiden
- Zwiebel fein hacken
- Beides in Butterschmalz braten, würzen

Ganz einfach • Schnell

Zutaten für 2 Personen:
600 g in der Schale gegarte vorwiegend festkochende Kartoffeln
1 Zwiebel
2 EL Butterschmalz
1 Messerspitze Kümmel
Salz
Pro Portion etwa:
1500 kJ/360 kcal

1
Die Kartoffeln schälen und in etwa 1/2 cm dicke Scheiben schneiden. Die Zwiebel schälen und fein hacken.

2
Das Butterschmalz in einer Pfanne zerlassen. Kartoffeln, Zwiebel und Kümmel dazugeben und alles bei mittlerer Hitze unter gelegentlichem Wenden etwa 10 Minuten braten, bis die Kartoffelscheiben schön gebräunt sind. Mit Salz würzen und servieren.

3
Bratkartoffeln schmecken als Beilage zu Fleischgerichten, aber auch als eigenständiges Gericht mit Gemüse oder Salat und gebratenen Spiegeleiern.

Zubereitungszeit: etwa 20 Minuten

TIP
Wer Kümmel nicht mag, läßt ihn einfach weg oder ersetzt ihn durch andere Gewürze, zum Beispiel durch getrocknete, zwischen den Fingern zerriebene Kräuter der Provence, eingelegte grüne Pfefferkörner oder Fenchelsamen.

Sie können statt der Kräuter auch Speck- oder Schinkenwürfel, eine kleingeschnittene rote oder grüne Paprikaschote, Zucchiniwürfel oder Erbsen unter die Eiermilch rühren.

Kurzrezept

- ◢ Kartoffeln und Zwiebel kleinschneiden
- ◢ Kräuter waschen und hacken
- ◢ Mehl mit Eiern, Kräutern und Gewürzen verquirlen
- ◢ Kartoffeln anbraten, Eiermasse darüber gießen und stocken lassen

2
Den Schnittlauch und die Petersilie waschen, trockenschütteln und fein hacken.

3
Die Milch mit Mehl, Eiern und Kräutern gründlich verquirlen und mit Salz und Pfeffer abschmecken.

4
Das Öl in einer Pfanne erhitzen. Die Zwiebel darin bei schwacher Hitze unter Rühren glasig dünsten. Die Kartoffelscheiben hinzufügen und braten, bis sie leicht gebräunt sind.

Kartoffelomelett mit Kräutern

Schnell

Zutaten für 2 Personen:

| 400 g gegarte Kartoffeln |
| 1 Zwiebel |
| 1 Bund Schnittlauch |
| 1 Bund Petersilie |
| 1/8 l Milch |
| 1 EL Mehl |
| 3 Eier |
| Salz |
| weißer Pfeffer, frisch gemahlen |
| 2 EL Sonnenblumenöl |

Pro Portion etwa:
1800 kJ/430 kcal

1
Die Kartoffeln schälen und in möglichst dünne Scheiben schneiden. Die Zwiebel schälen und fein hacken.

5
Die Eiermilch darüber verteilen und das Omelett bei schwacher Hitze zugedeckt etwa 10 Minuten backen, bis die Eiermilch gestockt ist. Das Omelett wenden, aber auf dieser Seite nur kurz braten.

Dazu paßt ein gemischter Salat.

Zubereitungszeit: etwa 30 Minuten

Meerrettich-Kartoffel-Gemüse

Wenn Sie einmal keine Zuckerschoten bekommen, nehmen Sie statt dessen Erbsen oder auch dicke Bohnen.

Kurzrezept
- Zuckerschoten blanchieren
- Kartoffeln würfeln
- In Butter braten, Sahne und Meerrettich zugeben

Vegetarisch
Ganz einfach

Zutaten für 4 Personen:

250 g Zuckerschoten
Salz
750 g gegarte fest-kochende Kartoffeln
10 g Butter
1/8 l Gemüsebrühe
125 g Sahne
1 Stück frischer Meerrettich (etwa 5 cm)
weißer Pfeffer, frisch gemahlen
1 Prise Zucker

Pro Portion etwa: 1300 kJ/310 kcal

1
Die Zuckerschoten waschen, putzen und eventuell von den Fäden befreien. In reichlich sprudelnd kochendem Salzwasser etwa 3 Minuten blanchieren, kalt abschrecken und abtropfen lassen.
Die Kartoffeln schälen und in etwa 2 cm große Würfel schneiden.

2
Die Butter in einem Topf zerlassen und die Zuckerschoten darin bei schwacher Hitze kurz andünsten.

3
Die Brühe und die Sahne dazugeben und alles erhitzen.

4
Den Meerrettich schälen und auf einer feinen Reibe direkt in den Topf reiben. Alles bei schwacher bis mittlerer Hitze etwa 5 Minuten köcheln lassen. Mit Salz, Pfeffer und Zucker würzen.

5
Die Kartoffeln hinzufügen und in etwa 2 Minuten sehr heiß werden lassen.

Zubereitungszeit: etwa 35 Minuten

TIP
Dieses einfache Gericht läßt sich sehr vielseitig abwandeln. Statt Meerrettich können Sie gemischte, gehackte Kräuter oder nur eine Sorte wie zum Beispiel Kerbel nehmen, oder Sie schmecken das Gemüse mit Weißweinessig ab.

Ein Hauch von Asien: So köstlich können Kartoffeln schmecken.

Kurzrezept

- Kartoffeln in Scheiben schneiden
- Rinderfilet und Lauch kleinschneiden, Spinat waschen
- Ingwer und Knoblauch hacken
- Alles mit Cashewkernen in Öl braten, würzen und servieren

Ungewöhnlich

Zutaten für 2 Personen:
500 g gegarte festkochende Kartoffeln
200 g Rinderfilet
1 EL Sojasauce
2 Stangen Lauch
1 Handvoll Spinat
1 walnußgroßes Stück frischer Ingwer
1–2 Knoblauchzehen
2 EL Sonnenblumenöl
1 EL Cashewkerne
1–2 EL Sherry
Salz
weißer Pfeffer, frisch gemahlen
Pro Portion etwa:
1900 kJ/450 kcal

1
Die Kartoffeln schälen und in etwa 1/2 cm dicke Scheiben schneiden. Das Rindfleisch von allen Sehnen und Häuten befreien und in feine Streifen schneiden. Mit der Sojasauce mischen.

2
Den Lauch waschen und putzen. Die weißen und hellgrünen Teile in etwa 1 cm große Stücke schneiden. Den Spinat waschen, verlesen und gründlich trockenschütteln. Ingwer und Knoblauch schälen und fein hacken.

3
Das Öl in einer großen Pfanne erhitzen. Cashewkerne, Ingwer und Knoblauch hineingeben und bei schwacher Hitze unter Rühren etwas andünsten. Das Fleisch hinzufügen und bei mittlerer Hitze etwa 1 Minute anbraten. Lauch und Spinat hinzufügen und unter Rühren mitbraten, bis der Spinat zusammenfällt.

4
Kartoffeln und Sherry dazugeben. Das Gericht mit Salz und Pfeffer abschmecken und unter Rühren etwa 4 Minuten weiterbraten, bis die Kartoffeln heiß sind.

Kartoffeln mit Lauch und Rindfleisch

Zubereitungszeit: etwa 30 Minuten

Durch die Wahl des Käses bestimmen Sie, ob Sie den Geschmack sehr pikant oder eher mild möchten.

Kurzrezept

- Paprika putzen, in Streifen schneiden
- Knoblauch und Zwiebel hacken
- Kartoffeln in Scheiben schneiden
- Alles in Öl braten
- Käse würfeln, hinzufügen und etwas schmelzen lassen

Ganz einfach

Zutaten für 2 Personen:
je 1 kleine rote und grüne Paprikaschote (etwa 250 g)

1 rote Zwiebel

1 Knoblauchzehe

400 g gegarte vorwiegend festkochende Kartoffeln

einige Zweige frischer Thymian

2 EL Olivenöl

150 g Käse (Mozzarella, Gorgonzola, Roquefort oder Bergkäse)

Salz

weißer Pfeffer, frisch gemahlen

Pro Portion etwa: 1800 kJ/430 kcal

Kartoffelpfanne mit Paprika

1
Die Paprikaschoten waschen und halbieren. Von den Kernen und den weißen Trennwänden be-
freien und in Streifen schneiden. Zwiebel und Knoblauch schälen und fein hacken. Die Kartoffeln schälen und in Scheiben schneiden. Den Thymian waschen, trockenschwenken und die Blättchen von den Stielen streifen.

2
Das Olivenöl in einer breiten Pfanne erhitzen. Die Paprikastreifen darin etwa 2 Minuten bei mittlerer Hitze anbraten.

3
Kartoffeln, Zwiebel, Knoblauch und Thymian dazugeben und unter Rühren kurz mitbraten. Dann alles zugedeckt bei mittlerer Hitze etwa 5 Minuten garen.

4
Inzwischen den Käse würfeln. Das Gericht mit Salz und Pfeffer würzen und den Käse darauf verteilen. Zugedeckt weitere 3 Minuten erhitzen, bis der Käse schmilzt.

Zubereitungszeit: etwa 30 Minuten

Kartoffel-Bohnen-Pfanne mit Hack

Zusätzlich können Sie noch gemischtes tiefgefrorenes Gemüse mitgaren.

Kurzrezept

- Kartoffeln, Lauch und Zwiebel kleinschneiden
- Lauch und Zwiebel mit Fleisch in Öl braten
- Brühe angießen, Sauce würzen
- Bohnen und Kartoffeln untermischen und heiß werden lassen

Schnell

Zutaten für 4 Personen:

700 g gegarte vorwiegend festkochende Kartoffeln
2 Stangen Lauch (etwa 250 g)
1 Zwiebel
1 EL Sonnenblumenöl
400 g Hackfleisch
1/8 l Fleischbrühe
1 Dose rote Bohnen (250 g Abtropfgewicht)
3 TL Tomatenmark
Salz
Cayennepfeffer
4 EL saure Sahne

Pro Portion etwa:
2400 kJ/580 kcal

1
Die Kartoffeln schälen und klein würfeln. Den Lauch putzen und gründlich waschen. Die weißen und hellgrünen Teile in feine Ringe schneiden.

Die Zwiebel schälen und fein hacken.

2
Das Öl in einer großen Pfanne oder in einem Topf erhitzen. Lauch und Zwiebel darin bei schwacher Hitze glasig dünsten. Das Hackfleisch hinzufügen und unter Rühren bei starker Hitze einige Minuten anbraten, bis es krümelig wird.

3
Die Fleischbrühe angießen. Bohnen, Kartoffeln und Tomatenmark untermischen. Alles mit Salz und Cayennepfeffer pikant abschmecken und bei mittlerer Hitze zugedeckt etwa 3 Minuten erhitzen.

4
Auf vier vorgewärmte Teller verteilen und jede Portion mit 1 Eßlöffel saurer Sahne garnieren und servieren.

Zubereitungszeit: etwa 30 Minuten

Kartoffelschmarrn mit Apfelmus

Statt Quark können Sie auch Frischkäse für den Kartoffelteig verwenden.

Kurzrezept

- Äpfel schälen, in Schnitze schneiden und mit Zucker erwärmen
- Äpfel musig garen
- Kartoffeln schälen, fein reiben und mit Grieß, Quark und Ei mischen, quellen lassen
- Kartoffelteig in Butterschmalz braten
- Wenden, zerreißen und knusprig garen

Ungewöhnlich

Zutaten für 2 Personen:

Für das Apfelmus:	
600 g säuerliche Äpfel	
1 EL Zitronensaft	
1–2 EL Zucker	
1 Prise Zimtpulver	
Für den Kartoffelschmarrn:	
500 g gegarte mehligkochende Kartoffeln	
75 g Grieß	
Salz	
100 g Magerquark oder Schichtkäse	
1 Ei	
2–3 EL Butterschmalz	

Pro Portion etwa:
2800 kJ/670 kcal

1
Für das Apfelmus die Äpfel schälen, vierteln, von den Kerngehäusen befreien und grob zerkleinern.

2
Die Äpfel mit Zitronensaft, Zucker und Zimt in einem Topf mischen und alles zum Kochen bringen. Dann zugedeckt bei schwacher Hitze etwa 25 Minuten garen, bis die Äpfel musig sind.

3
Die Äpfel kräftig durchrühren oder zerdrücken, nach Wunsch abkühlen lassen.

4
Währenddessen die Kartoffeln schälen und auf einer feinen Reibe reiben. Mit dem Grieß, 1 Prise Salz, dem Quark und dem Ei gründlich mischen und den Teig etwa 15 Minuten quellen lassen.

5
In einer Pfanne das Butterschmalz erhitzen. Den Kartoffelteig etwa 1 cm dick in die Pfanne geben und bei mittlerer Hitze etwa 10 Minuten backen, bis die Unterseite gebräunt ist. Dann wenden und noch einmal etwa 5 Minuten backen.

6
Den Kartoffelschmarrn mit zwei Gabeln in Stücke reißen und unter Rühren rundherum knusprig rösten (Seite 56).

Dabei gegebenenfalls noch etwas Butterschmalz dazugeben. Den Schmarrn mit dem Apfelmus servieren.

Zubereitungszeit: etwa 1 Stunde

TIP
Wenn Sie es pikant bevorzugen, servieren Sie gekochtes Sauerkraut (Rezept Seite 36) dazu. Aber auch eine große Schüssel Salat paßt gut zum Kartoffelschmarrn. Oder versuchen Sie einmal ein Rhabarber-Erdbeer-Kompott. Dafür 300 g Rhabarber putzen, waschen und in kleine Stücke schneiden. Mit 2 Eßlöffeln Zucker mischen und etwas stehenlassen. Dann 250 g Erdbeeren waschen, würfeln und mit dem abgetropften Rhabarber mischen. In einen Topf geben und unter Rühren erhitzen. Etwa 5 Minuten köcheln lassen, mit Zucker abschmecken und abkühlen lassen.

Auf diese Art können Sie auch gekochte, kleingeschnittene Kartoffeln zubereiten.

Kurzrezept

- Suppengrün und Zwiebel kleinschneiden
- Mit Hackfleisch in Öl braten
- Kartoffelpüree in eine feuerfeste Form geben
- Mit Hackfleischsauce und Käse bedecken und backen

Preiswert

Zutaten für 2 Personen:
1 Bund Suppengrün
1 Zwiebel
1 Knoblauchzehe
1 EL Sonnenblumenöl
250 g gemischtes Hackfleisch
100 ml Fleischbrühe
1 TL getrockneter Thymian
2 TL Tomatenmark
Salz
weißer Pfeffer, frisch gemahlen
500 g Kartoffelpüree
75 g Hartkäse (z. B. Emmentaler, Parmesan oder Bergkäse), frisch gerieben
Pro Portion etwa:
3000 kJ/710 kcal

2
Das Öl in einer Pfanne erhitzen. Zwiebel, Knoblauch und Suppengrün hinzufügen und unter Rühren etwa 2 Minuten bei mittlerer Hitze anbraten. Das Hackfleisch hinzufügen und unter Rühren etwa 2 Minuten mitbraten, bis das Fleisch krümelig ist.

3
Die Fleischbrühe angießen. Die Sauce mit Thymian, Tomatenmark, Salz und Pfeffer abschmecken und noch einige Minuten köcheln lassen.

4
Den Backofen auf 220° vorheizen.

5
Das Kartoffelpüree in eine feuerfeste Form geben. Die Sauce darüber verteilen und mit dem Käse bestreuen.

6
Das Püree im Backofen (Mitte; Gas Stufe 4) etwa 20 Minuten backen, bis die Käsekruste gebräunt ist.

Gratiniertes Kartoffelpüree

1
Das Suppengrün putzen, waschen und fein zerkleinern. Zwiebel und Knoblauch schälen und fein hacken.

Zubereitungszeit: etwa 45 Minuten

Kartoffelgratin mit Pilzen und Käse

Die Pilze können Sie durch Zucchini, Tomaten oder Paprikaschoten ersetzen. Statt Schafkäse eignet sich auch Mozzarella, Bel Paese oder Fontina.

Kurzrezept

- Kartoffeln in Scheiben schneiden, in eine Form geben
- Pilze, Knoblauch und Kräuter putzen und darauf verteilen
- Sahne angießen, salzen, pfeffern
- Den Käse in Würfel schneiden, darüber verteilen, backen

Ganz einfach

Zutaten für 2 Personen:
500 g gegarte Kartoffeln
200 g Champignons oder Egerlinge
1 EL Zitronensaft
1 Knoblauchzehe
einige Rosmarinnadeln
150 g Sahne
Salz
weißer Pfeffer, frisch gemahlen
150 g Schafkäse
Pro Portion etwa:
2600 kJ/620 kcal

1
Die Kartoffeln schälen und in feine Scheiben schneiden. Dachziegelartig in eine feuerfeste Form schichten (Seite 74). Den Backofen auf 220° vorheizen.

2
Die Pilze putzen und in feine Scheiben schneiden. Mit dem Zitronensaft mischen. Den Knoblauch schälen, fein hacken und mit den Pilzen und den Rosmarinnadeln über den Kartoffeln verteilen. Die Sahne darüber gießen und alles mit Salz und Pfeffer würzen. Den Schafkäse zerbröckeln und darüber verteilen.

3
Das Gratin im Backofen (Mitte; Gas Stufe 4) etwa 15 Minuten backen, bis die Oberfläche leicht gebräunt ist.

Zubereitungszeit: etwa 40 Minuten

So gelingt's

Flach und kroß
Für Gratins eignen sich große, flache Formen am besten, damit die Zutaten in möglichst dünnen Schichten hineinpassen. Die Form können Sie vor dem Einschichten mit Butter ausstreichen, dann wird das Gratin an der Unterseite besonders schön braun.

Aufgegangen und saftig
Aufläufe gelingen in kleineren und höheren Formen besser, denn sie bleiben so saftiger. Für Aufläufe die Kartoffeln raspeln oder in kleine Würfel schneiden. Dann mit Eiercreme und anderen Zutaten mischen und in die Form füllen.

Knusprige Unterlage
Kartoffelraspel mit Eier-Käse-Creme passen gut als Belag auf Mürbeteig. Lassen Sie Ihre Phantasie spielen: Mischen Sie die Kartoffeln beispielsweise mit kleingeschnittenen Oliven, Kapern, Rucola-streifen oder Pilzen.

Phantasievoll belegt
Kartoffelteig statt Hefeteig. Im Handumdrehen haben Sie die Unterlage für eine Pizza. Belegen können Sie den Teig wie jede andere Pizza auch. Versuchen Sie mal Tomatensauce, Sardellen, Basilikum, Mozzarella oder Mangold.

Nicht nur für Prinzessinnen
Für Prinzeßkartoffeln die Masse in einen Spritzbeutel ohne Tülle füllen und kleine Rosetten auf die Fettpfanne oder in eine feuerfeste Form spritzen. Sie können ruhig auch einmal eine andere Form wählen: Auch Ringe, längliche Spiralen oder S-Formen sehen hübsch aus.

Serviert mit Pfiff
Folienkartoffeln werden so serviert: die Folie öffnen, die Schale der Kartoffel kreuzweise einschneiden, die Kartoffel etwas zusammendrücken, bis sie aufspringt. Umweltfreundlich ist Pergamentpapier, dann bleiben die Kartoffeln allerdings nicht ganz so saftig.

Knolle mit Innenleben
Zum Füllen rohe oder vorgegarte Kartoffeln mit einem scharfkantigen Löffel oder einem kleinen spitzen Messer aushöhlen. Es soll ein mindestens 1 cm dicker Rand stehenbleiben, damit die Kartoffeln beim Garen zusammenhalten.

Knusprig vom Blech
Da diese Kartoffeln mit Schale gegessen werden, sollten sie aus kontrolliertem Anbau kommen. Die gleich großen Kartoffeln gründlich waschen, längs halbieren und mit den Schnittflächen nach unten auf ein gefettetes Blech legen. Mit Öl bestreichen, würzen und backen.

Ofenknusprig

gebacken

Kartoffelquiche mit Pilzen

Schmeckt heiß, aber auch lauwarm sehr gut.

Kurzrezept

- Pilze einweichen
- Teig kneten und in der Form verteilen
- Lauch und Kartoffeln vorbereiten
- Eiermilch mixen
- Zutaten auf dem Teigboden verteilen, backen

Für Gäste

Zutaten für 4 Personen:

20 g getrocknete Steinpilze
200 g Mehl oder Vollkornmehl
100 g Butter
Salz
1 dünne Stange Lauch
2 Knoblauchzehen
4–5 Zweige frischer Rosmarin
650 g vorwiegend festkochende Kartoffeln
weißer Pfeffer, frisch gemahlen
Cayennepfeffer
2 Eier
150 g Sahne
80 g Käse (Pecorino, Parmesan oder Bergkäse), frisch gerieben

Pro Portion:
3000 kJ/710 kcal

1

Die Pilze kurz abbrausen, in eine Schüssel legen, mit warmem Wasser bedecken und mindestens 2 Stunden quellen lassen. Die Pilze abtropfen lassen und kleinschneiden. Das Einweichwasser durch eine Filtertüte gießen.

2

Das Mehl in eine Schüssel geben. Die Butter in kleine Stücke schneiden und mit 1 kräftigen Prise Salz und 3 Eßlöffeln Einweichflüssigkeit dazugeben.

3

Alles zu einem geschmeidigen und glatten Teig kneten. Eine ungefettete feuerfeste Form von 28 cm Durchmesser damit auskleiden und den Teig 1 Stunde kühl stellen.

4

Den Lauch waschen und putzen. Die weißen und hellgrünen Teile in Ringe schneiden. Den Knoblauch schälen und hacken. Den Rosmarin waschen, die Nadeln von den Stielen zupfen und grob zerkleinern.

5

Die Kartoffeln schälen, waschen und grob raspeln oder sehr fein würfeln. Mit den Pilzen und den anderen zerkleinerten Zutaten mischen, mit Salz, Pfeffer und Cayennepfeffer abschmecken und gleich-mäßig auf dem Teigboden in der Form verteilen.

6

Den Backofen auf 200° vorheizen. Die Eier mit Sahne, Käse und 6 Eßlöffeln Einweichwasser verquirlen, salzen und über die Kartoffeln gießen.

7

Die Quiche im Backofen (Mitte; Gas Stufe 3) 45–50 Minuten backen, bis sie fest und schön gebräunt ist.

Zubereitungszeit: etwa 4 1/2 Stunden (davon 2 Stunden Quellzeit für die Pilze)

TIP

Einen Teil der Kartoffeln durch Möhren, Sellerie oder Petersilienwurzel ersetzen.
Pilze weglassen, statt-dessen mehr Kräuter und Knoblauch nehmen. Oder Meeresalgen (frisch oder getrocknet und eingeweicht), Oliven oder Nüsse wie Cashewkerne oder Pistazien untermischen. Statt Steinpilzen schmecken auch Morcheln sehr gut.

Eine besonders feine Beilage zu gebratenem Lamm- oder Rindfleisch. Aber auch solo ist das Gratin ein Gedicht. Servieren Sie Salat oder gedünstetes Gemüse dazu.

Kurzrezept
◢ Form mit Knoblauch ausreiben
◢ Kartoffeln schälen, fein hobeln und einschichten
◢ Sahne angießen
◢ Kartoffeln salzen, pfeffern, mit Butterflöckchen belegen und gratinieren

Ganz einfach

Zutaten für 4–6 Personen:

1 kg mehligkochende Kartoffeln
1 Knoblauchzehe
Salz
weißer Pfeffer, frisch gemahlen
250 g Sahne
etwa 150 ml Milch
10 g Butter

Bei 6 Personen
pro Portion etwa:
1100 kJ/260 kcal

feste Form damit ausreiben. Den Backofen auf 200° vorheizen.

3
Die Kartoffelscheiben dachziegelartig in die Form schichten und mit Salz und Pfeffer würzen (Seite 74). Sahne und Milch verrühren, vom Rand her in die Form gießen. Die Butter in Flöckchen schneiden und auf den Kartoffeln verteilen.

4
Das Gratin im Backofen (Mitte; Gas Stufe 3) etwa 40 Minuten backen, bis die Kartoffeln weich sind.

Zubereitungszeit: etwa 1 1/4 Stunden

◢VARIANTEN
Dieses klassische Gratin läßt sich beliebig abwandeln: fein gewürfelte Tomaten oder Pilze und gewürfelten Mozzarella auf den Kartoffeln verteilen. Feine Lauchscheiben und Apfelschnitze mit in die Form schichten. Oder Rosenkohl in dünne

Kartoffelgratin mit Sahne

1
Die Kartoffeln waschen, schälen und mit dem Gurkenhobel in dünne Scheiben teilen.

2
Die Knoblauchzehe halbieren. Eine große feuer-

Scheiben schneiden und zwischen die Kartoffelscheiben legen. Statt Mozzarella schmeckt auch anderer Käse, wie zum Beispiel geriebener Bergkäse oder, wenn es sehr pikant sein soll, auch Blauschimmelkäse.

Gemüse mit Kartoffelkruste

Die Kruste schmeckt auch gut auf Kohlrabi, Mangold, Paprika, Stangensellerie oder Kürbis.

Kurzrezept

- ◢ Kohlrabi, Lauch und Petersilie kleinschneiden
- ◢ In feuerfester Form verteilen, würzen und mit Sahne begießen
- ◢ Kartoffeln schälen, fein reiben
- ◢ Mit Ei und Mehl mischen und auf dem Gemüse verteilen
- ◢ Mit Butterflöckchen belegen und backen

Raffiniert

Zutaten für 4 Personen:
2 Kohlrabi (etwa 500 g)
3 Stangen Lauch (etwa 300 g)
1 Bund Petersilie
Salz
weißer Pfeffer, frisch gemahlen
150 g Sahne
750 g mehligkochende Kartoffeln
1 Ei
2 EL Mehl
10 g Butter
Pro Portion etwa: 1500 kJ/360 kcal

1
Die Kohlrabi schälen und in feine Scheiben hobeln. Den Lauch putzen, waschen und in feine Ringe schneiden. Die Petersilie waschen, trockenschütteln und ohne die groben Stiele fein hacken.

2
Kohlrabi, Lauch und Petersilie in eine flache feuerfeste Form schichten und mit Salz und Pfeffer würzen (Seite 74). Die Sahne vom Rand her angießen.

3
Den Backofen auf 200° vorheizen. Die Kartoffeln waschen, schälen und mit der Rohkostreibe fein zerkleinern. Die Flüssigkeit, die sich dabei bildet, abgießen.

4
Die Kartoffeln mit dem Ei und dem Mehl mischen und mit Salz und Pfeffer abschmecken.

5
Die Kartoffelmasse über den Zutaten in der Form verteilen und mit Butterflöckchen belegen.

6
Das Gratin im Backofen (Mitte; Gas Stufe 3) etwa 40 Minuten backen, bis die Oberfläche schön gebräunt und knusprig ist.

Zubereitungszeit: etwa 1 1/4 Stunden

Kartoffel-Hackfleisch-Auflauf

Statt Paprikaschoten schmecken auch grüne Bohnen (8 Minuten vorgegart), Zucchini, Erbsen oder Pilze.

Kurzrezept

◤ Gemüse und Rosmarin kleinschneiden
◤ Fleisch in Öl braten, mit Gemüse mischen
◤ Kartoffeln schälen, würfeln und untermischen
◤ Eier mit Wein, Sahne und Gewürzen verquirlen und unterheben
◤ Masse in feuerfeste Form füllen, backen

Ungewöhnlich

Zutaten für 4 Personen:
je 1 kleine, rote, grüne und gelbe Paprikaschote
1 Bund Frühlingszwiebeln
einige Zweige frischer Rosmarin
1 EL Pflanzenöl
250 g Rinderhackfleisch
Salz
weißer Pfeffer, frisch gemahlen
Cayennepfeffer
500 g mehligkochende Kartoffeln
2 Eier
2 EL trockener Weißwein
150 g Sahne
50 g Pecorino oder Parmesan, frisch gerieben
Pro Portion etwa:
1800 kJ/430 kcal

1
Die Paprikaschoten waschen, putzen und in Streifen schneiden. Die Frühlingszwiebeln putzen, waschen und in feine Ringe schneiden. Rosmarin waschen, die Nadeln fein hacken.

2
Das Öl in einer Pfanne erhitzen. Das Hackfleisch darin bei starker Hitze unter Rühren braten, bis es krümelig und nicht mehr rot ist. Mit Salz, Pfeffer und Cayennepfeffer abschmecken und mit dem Gemüse und dem Rosmarin mischen. Den Backofen auf 180° vorheizen.

3
Die Kartoffeln waschen, schälen, klein würfeln und untermischen.

4
Die Eier mit Wein, Sahne und Käse verquirlen. Die Kartoffelmasse in eine feuerfeste Form füllen und die Eiersahne darüber gießen (Seite 74).

5
Den Auflauf im Backofen (Mitte; Gas Stufe 2) etwa 45 Minuten backen, bis die Kartoffeln weich sind.

Zubereitungszeit: etwa 1 1/4 Stunden

Schmeckt auch mit kurz blanchierten Wirsingstreifen oder Rosenkohlvierteln sehr gut.

Kurzrezept

▲ Kartoffeln vorkochen, schälen und schneiden
▲ Lauch, Apfel und Petersilie schneiden
▲ Mit Kartoffeln und Kraut in die Form geben
▲ Eiersahne verquirlen und darüber gießen, backen

Deftig

Zutaten für 4 Personen:

600 g mehligkochende Kartoffeln
1 Stange Lauch
1 säuerlicher Apfel
1 Bund Petersilie
400 g Sauerkraut
Salz
weißer Pfeffer, frisch gemahlen
250 g saure Sahne
150 g Crème fraîche
3 Eier
je 1 TL Zucker, edelsüßes Paprikapulver und Tomatenmark

Pro Portion etwa: 1800 kJ/430 kcal

2

Dann die Kartoffeln etwas ausdämpfen lassen, schälen und in Würfel schneiden. Den Lauch putzen, waschen und in Ringe teilen. Den Apfel schälen und vierteln. Die Viertel quer in Scheiben schneiden. Petersilie waschen, trockenschütteln und ohne die groben Stiele fein hacken.

3

Das Sauerkraut mit einer Gabel lockern und mit den anderen vorbereiteten Zutaten mischen. Alles mit Salz und Pfeffer würzen und in eine große feuerfeste Form geben (Seite 74).

4

Den Backofen auf 180° vorheizen. Die saure Sahne mit Crème fraîche und Eiern verquirlen. Zucker, Paprikapulver und Tomatenmark unterrühren, salzen.

5

Die Eiersahne über die Kartoffelmischung in der Form gießen.

Kartoffel-Sauerkraut-Auflauf

1

Die Kartoffeln waschen und in einen Topf geben. Etwa 2 cm hoch Wasser angießen und die Kartoffeln zugedeckt bei starker Hitze etwa 10 Minuten vorgaren.

6

Den Auflauf im Backofen (Mitte; Gas Stufe 2) etwa 50 Minuten backen.

Zubereitungszeit: etwa 1 Stunde 20 Minuten

Kartoffeltaschen mit Ratatouillefüllung

Die Kartoffeltaschen lassen sich problemlos vorbereiten und sind deshalb ideal zur Gästebewirtung.

Kurzrezept

- Kartoffeln kochen, durchpressen und zum Teig kneten
- Gemüse, Zwiebeln, Knoblauch und Kräuter kleinschneiden
- In Öl anbraten
- Teig ausrollen, Gemüse darin einhüllen
- Kartoffeltaschen in eine feuerfeste Form geben, mit Käse und Butterflöckchen belegen, backen

Raffiniert • Für Gäste

Zutaten für 4 Personen:

1 kg mehligkochende Kartoffeln
1 rote Paprikaschote (etwa 180 g)
200 g Staudensellerie
1 Zucchino (etwa 160 g)
1 weiße Zwiebel
2–3 Knoblauchzehen
2–3 EL Olivenöl
1 TL Thymianblättchen
1 TL Rosmarinnadeln
1 TL Tomatenmark
Salz
weißer Pfeffer, frisch gemahlen
150 g Mehl
30 g Butter
75 g Parmesan oder Pecorino, frisch gerieben

Pro Portion etwa:
2200 kJ/520 kcal

1
Die Kartoffeln waschen und in einen großen Topf geben. Etwa 3 cm hoch Wasser angießen und die Kartoffeln zugedeckt bei mittlerer Hitze in etwa 30 Minuten weich kochen.

2
Während die Kartoffeln kochen, die Paprikaschote waschen und halbieren. Die Kerne und die weißen Trennwände entfernen und die Schotenhälften in Streifen schneiden. Sellerie und Zucchino waschen. Sellerie in Streifen schneiden, Zucchino fein würfeln. Zwiebel und Knoblauch schälen und fein hacken.

3
Das Öl in einer Pfanne erhitzen. Das Gemüse darin bei mittlerer Hitze portionsweise unter Rühren anbraten, bis es gebräunt ist.

4
Alle Gemüse mischen, mit den Kräutern, dem Tomatenmark, Salz und Pfeffer abschmecken.

5
Die Kartoffeln abgießen, schälen und noch heiß durch die Presse drücken. Etwas auskühlen lassen, dann mit Mehl, Salz und Pfeffer zu einem Teig mischen.

6
Den Backofen auf 220° vorheizen. Ein Backblech mit etwas Butter einfetten.

7
Den Kartoffelteig zu einer Rolle formen, in Stücke schneiden und diese gut 1/2 cm dick auf etwas Mehl ausrollen. Jeweils mit etwa 1 Eßlöffel Füllung belegen, zusammenklappen und die Ränder zusammendrücken. Nebeneinander auf ein Backblech legen.

8
Den Käse über die Kartoffeltaschen streuen. Die restliche Butter in Flöckchen schneiden und darauf verteilen.

9
Die Kartoffeltaschen im Backofen (Mitte; Gas Stufe 4) etwa 35 Minuten backen, bis sie schön gebräunt sind.

Zubereitungszeit: etwa 1 3/4 Stunden

TIP
Dazu schmecken gemischter Salat und eine Sauce aus Sahne, Crème fraîche und Schnittlauchröllchen.

Kartoffelgratin mit Tomatensauce

Wer Sardellen nicht so gern mag, nimmt grüne Pfefferkörner, Oliven oder Kapern.

Kurzrezept

◢ Kartoffeln schälen und in Scheiben hobeln

◢ Tomaten mit Sardellen und Knoblauch pürieren, mit Basilikum und Mozzarella mischen

◢ Kartoffeln und Tomatenpüree in feuerfeste Form schichten, mit Parmesan bestreuen und backen

Ungewöhnlich

Zutaten für 4 Personen:

750 g mehligkochende Kartoffeln

1 große Dose geschälte Tomaten (800 g)

10 eingelegte Sardellenfilets

2 Knoblauchzehen

1 Bund Basilikum

300 g Mozzarella

Salz

weißer Pfeffer, frisch gemahlen

1 Prise Zucker

50 g Parmesan, frisch gerieben

Pro Portion etwa: 1800 kJ/430 kcal

1

Die Kartoffeln waschen, schälen und mit dem Gurkenhobel in feine Scheiben hobeln.

2

Die Tomaten mit dem Saft in den Mixer geben. Sardellen kalt abspülen. Knoblauchzehen schälen und beides zu den Tomaten geben. Alles gründlich pürieren. Den Backofen auf 180° vorheizen.

3

Das Basilikum waschen und trockenschütteln. Die Blättchen abzupfen und in Streifen schneiden. Den Mozzarella würfeln. Beides unter die Tomatensauce mischen und mit Salz, Pfeffer und Zucker abschmecken.

4

Kartoffeln und Tomatensauce lagenweise in eine feuerfeste Form schichten (Seite 74). Die letzte Schicht soll aus Tomatensauce bestehen. Den Parmesan darüber verteilen.

5

Das Gratin im Backofen (Mitte; Gas Stufe 2) etwa 45 Minuten backen, bis die Kartoffeln weich sind.

Zubereitungszeit: etwa 1 Stunde

Dazu paßt am besten grüner Salat.

Kurzrezept

▲ Fisch und Paprikaschoten würfeln
▲ Speck würfeln und mit Zwiebel auslassen, mit Fisch und Paprikaschoten mischen
▲ Kartoffeln schälen und in Scheiben hobeln
▲ Kartoffeln und Fischmischung in eine feuerfeste Form schichten
▲ Eier mit saurer Sahne verquirlen, darüber gießen und backen

Preiswert

Zutaten für 3–4 Personen:

500 g Seelachs oder Rotbarsch
3 EL Zitronensaft
je 1 rote, grüne und gelbe Paprikaschote (etwa 500 g)
30 g durchwachsener Räucherspeck
1 große Zwiebel
Salz
weißer Pfeffer, frisch gemahlen
1 TL Paprikapulver, edelsüß
600 g mehligkochende Kartoffeln
2 Eier
250 g saure Sahne

Bei 4 Personen
pro Portion etwa:
1700 kJ/400 kcal

1

Den Fisch würfeln und mit dem Zitronensaft mischen. Paprikaschoten waschen, putzen und ebenfalls würfeln.

2

Den Speck klein würfeln. Die Zwiebel schälen und fein hacken. Die Speckwürfel in einer Pfanne bei mittlerer Hitze unter Rühren ausbraten. Die Zwiebel einige Minuten unter Rühren mitbraten.

3

Speck-, Fisch- und Paprikawürfel mischen und mit Salz, Pfeffer und Paprikapulver abschmecken.

Kartoffel-Fisch-Gratin

4

Den Backofen auf 180° vorheizen. Die Kartoffeln waschen, schälen und in feine Scheiben hobeln.

5

Eine feuerfeste Form lagenweise mit Fischmischung und Kartoffeln füllen, mit Kartoffeln enden (Seite 74). Die Eier mit saurer Sahne verquirlen, salzen, pfeffern und darüber gießen. Das Gratin im Backofen (Mitte; Gas Stufe 2) etwa 1 Stunde backen.

**Zubereitungszeit:
etwa 1 1/2 Stunden**

Prinzeßkartoffeln mit Fischröllchen

Wenn Sie dieses Gericht mit einer Vor- und Nachspeise servieren, reicht es problemlos auch für 4 Personen.

Kurzrezept

⬩ Kartoffeln kochen, durchpressen, zum Teig mischen

⬩ Tomaten aushöhlen, mit Tomatenfleisch, Mozzarella, Knoblauch und Basilikum füllen

⬩ Fisch mit Zitronenschale und Dill bestreuen, aufrollen und mit den Tomaten in die Form geben

⬩ Teig in eine feuerfeste Form spritzen

⬩ Fisch mit Butter belegen, alles backen

Raffiniert

Zutaten für 2–3 Personen:

500 g mehligkochende Kartoffeln
40 g Butter
1 Ei
1 Eigelb
1 EL Mehl
Salz
weißer Pfeffer, frisch gemahlen
4 Tomaten
50 g Mozzarella
1 Knoblauchzehe
1/2 Bund Basilikum
8 Schollenfilets
1/2 unbehandelte Zitrone
1 Bund Dill

Bei 3 Personen pro Portion:
1900 kJ/450 kcal

1
Die Kartoffeln waschen und in einen Topf geben. Etwa 2 cm hoch Wasser angießen. Die Kartoffeln zugedeckt bei mittlerer Hitze in 20–30 Minuten weich kochen.

2
Die Kartoffeln etwas ausdämpfen lassen, schälen und heiß durch die Kartoffelpresse drücken oder mit dem Kartoffelstampfer zerdrücken. Etwas auskühlen lassen, dann mit 30 g Butter, Ei, Eigelb und Mehl mischen und mit Salz und Pfeffer abschmecken.

3
Inzwischen die Tomaten waschen und jeweils einen Deckel abschneiden. Das Fruchtfleisch herauslöffeln und klein würfeln. Den Mozzarella ebenfalls in kleine Würfel schneiden. Den Knoblauch schälen und durch die Presse drücken. Basilikum waschen, trockenschütteln und fein hacken. Alles mischen, salzen, pfeffern und wieder in die Tomaten füllen. Die Tomaten in eine feuerfeste Form geben, dazwischen etwas Platz lassen.

4
Die Fischfilets kalt abspülen und trockentupfen. Die Zitrone waschen, ein Stück Schale abschneiden und fein hacken. Die Zitrone auspressen. Die Fischfilets mit Zitronensaft, Salz und Pfeffer würzen. Den Dill waschen, trockenschwenken und fein hacken. Mit der Zitronenschale auf den Fischfilets verteilen.

5
Die Fischfilets aufrollen, mit Holzstäbchen feststecken und in die Form geben. Mit je 1 Teelöffel Butter belegen.

6
Den Backofen auf 250° vorheizen. Kartoffelmasse in einen Spritzbeutel ohne Tülle geben. Die Masse in Rosetten zwischen die Tomaten und Fischfilets spritzen (Seite 74).

7
Die Form in den Backofen (Mitte; Gas Stufe 5) schieben und alles etwa 15 Minuten backen, bis die Rosetten gebräunt sind.

Zubereitungszeit: etwa 1 1/4 Stunden

⬩TIP
Prinzeßkartoffeln alleine sind eine beliebte Beilage zu Fleisch- und Gemüsegerichten. Für 4 Personen gut die doppelte Menge zubereiten.

Die Kartoffeln immer gründlich waschen, da sie mit der Schale gegessen werden.

Kurzrezept

◢ Kartoffeln abbürsten, in Folie packen und backen

◢ Paprikaschoten putzen und fein würfeln

◢ Käse und Kräuter kleinschneiden

◢ Paprika-Tatar mischen

Für Gäste

Zutaten für 4 Personen:

8 gleich große Kartoffeln (je etwa 200 g)

je 1 rote, grüne und gelbe Paprikaschote (je etwa 200 g)

1 Knoblauchzehe

250 g Schafkäse

je 1 Bund Petersilie und Schnittlauch

175 g Joghurt

weißer Pfeffer, frisch gemahlen

eventuell Salz

Alufolie oder Pergamentpapier zum Einwickeln

Pro Portion etwa: 2100 kJ/500 kcal

Backofen (Mitte; Gas Stufe 4) in 50–60 Minuten garen.

3

Die Paprikaschoten waschen, halbieren, putzen und sehr fein würfeln. Den Knoblauch schälen und durchpressen. Den Schafkäse in kleine Würfel teilen. Petersilie und Schnittlauch waschen, trockenschütteln und fein hacken.

4

Paprikawürfel, Knoblauch, Käse, Kräuter und Joghurt mischen und mit Pfeffer und eventuell auch mit wenig Salz (Vorsicht, der Käse ist meist schon sehr salzig) abschmecken.

5

Die Kartoffeln in der Folie (Seite 74) servieren. Paprika-Käse-Tatar getrennt dazu reichen.

Zubereitungszeit: etwa 1 Stunde 10 Minuten

Folienkartoffeln mit Paprika-Käse-Tatar

1

Den Backofen auf 230° vorheizen. Die Kartoffeln unter fließendem Wasser gründlich abbürsten und einzeln in Alufolie wickeln.

2

Die Kartoffeln auf ein Backblech legen und im

TIP

Sie können die Kartoffeln zum Garen auch in Pergamentpapier wickeln. Sie tun damit etwas für die Umwelt. Allerdings werden die Kartoffeln dann etwas trockener.

Folienkartoffeln mit Gurkensauce und Lamm

Wichtig ist vor allem, daß Sie Kartoffeln von gleicher Größe kaufen, damit sie gleichzeitig gar werden.

Kurzrezept

◢ Kartoffeln abbürsten, in Folie wickeln und backen
◢ Gurke schälen und kleinschneiden
◢ Pfefferschote zerkleinern
◢ Gurkensauce mischen
◢ Lammkoteletts braten

Ganz einfach

Zutaten für 4 Personen:
8 gleich große Kartoffeln (je etwa 200 g)

1 Salatgurke

Salz

1 Knoblauchzehe

1 frische rote Pfefferschote

200 g Joghurt

4 doppelte Lammkoteletts

weißer Pfeffer, frisch gemahlen

1–2 EL Sonnenblumenöl
Alufolie oder Pergamentpapier zum Einwickeln
Pro Portion etwa:
3300 kJ/790 kcal

1
Den Backofen auf 230° vorheizen. Die Kartoffeln gründlich unter fließendem Wasser abbürsten, dann einzeln in Alufolie oder Pergamentpapier wickeln.

2
Die Kartoffeln auf ein Backblech legen und im Backofen (Mitte; Gas Stufe 4) in 50–60 Minuten garen.

3
Inzwischen die Gurke schälen, längs halbieren und entkernen. Die Gurkenhälften raspeln, salzen und beiseite stellen. Den Knoblauch schälen und durch die Presse drücken. Die Pfefferschote längs halbieren, vom Stielansatz und den Kernen befreien und fein würfeln.

4
Die Gurkenraspel ausdrücken, mit Knoblauch, Pfefferschote und Joghurt in einer Schüssel mischen und mit Salz abschmecken.

5
Kurz bevor die Kartoffeln gar sind, die Lammkoteletts salzen und pfeffern. Das Öl in einer Pfanne erhitzen. Die Lammkoteletts darin auf jeder Seite etwa 2 Minuten bei starker Hitze anbraten. Die Kartoffeln in der Folie servieren (Seite 74). Koteletts und Sauce getrennt dazu reichen.

**Zubereitungszeit:
etwa 1 Stunde
10 Minuten**

Kartoffeln mit Käsecreme

Ein schnelles Gericht, das mit Salat besonders gut schmeckt.

Kurzrezept

▲ Kartoffeln abbürsten, längs halbieren und in eine Form legen

▲ Frühlingszwiebeln, Knoblauch und Kräuter fein zerkleinern

▲ Käsecreme mischen und auf die Kartoffeln geben

▲ Kartoffeln backen

Deftig

Zutaten für 2 Personen:
800 g kleine, möglichst neue Kartoffeln

1 Bund Frühlingszwiebeln

1 Knoblauchzehe

je 1 Bund Petersilie und Basilikum

einige Blätter frischer Salbei

1 TL Thymianblättchen

150 g Crème fraîche

3–4 EL trockener Weißwein

50 g Bergkäse oder Emmentaler, frisch gerieben

Salz

weißer Pfeffer, frisch gemahlen

Pro Portion etwa:
3000 kJ/710 kcal

1
Die Kartoffeln unter fließendem Wasser gründlich abbürsten und in etwa 2 cm dicke Scheiben schneiden.

2
Den Backofen auf 180° vorheizen. Die Kartoffelscheiben nebeneinander in eine große feuerfeste Form legen.

3
Die Frühlingszwiebeln putzen, waschen und in feine Ringe schneiden. Den Knoblauch schälen und fein hacken. Die Kräuter waschen, trockenschütteln und fein hacken.

4
Crème fraîche, Wein und Käse verrühren. Frühlingszwiebeln, Kräuter und Knoblauch untermischen. Salzen, pfeffern und auf den Kartoffeln verteilen.

5
Die Kartoffeln im Backofen (Mitte; Gas Stufe 2) etwa 45 Minuten bakken, bis sie weich und schön gebräunt sind.

Zubereitungszeit: etwa 1 1/4 Stunden

Wer Kümmel nicht mag, läßt ihn einfach weg.

Kurzrezept

◢ Kartoffeln waschen, halbieren und auf ein Backblech legen
◢ Würzen, mit Öl beträufeln und backen
◢ Apfel und Meerrettich schälen und zerkleinern
◢ Gewürzgurken und Kräuter kleinschneiden
◢ Zutaten mit Quark mischen und würzig abschmecken

Vegetarisch • Preiswert

Zutaten für 4 Personen:
1,5 kg gleich große, längliche Kartoffeln
3–4 EL Sonnenblumenöl
1 EL Kümmelkörner
Salz
1 säuerlicher Apfel
1 Stück frischer Meerrettich (etwa 1 cm lang)
1 EL Zitronensaft
2 Gewürzgurken
1 Bund Dill
1 Bund Schnittlauch
500 g Quark oder Schichtkäse
3–4 EL Sahne
weißer Pfeffer, frisch gemahlen
Pro Portion etwa:
2100 kJ/500 kcal

2
Ein Backblech mit etwa 1 EL Öl ausstreichen. Die Kartoffeln mit den Schnittflächen nach unten auf das Blech legen, mit dem restlichen Öl bestreichen, mit Kümmel und Salz bestreuen.

3
Die Kartoffeln im Backofen (Mitte; Gas Stufe 2) etwa 50 Minuten backen, bis sie weich sind.

4
Den Apfel schälen, vierteln, vom Kerngehäuse befreien und sehr klein würfeln. Den Meerrettich schälen und fein reiben. Apfel, Meerettich und Zitronensaft mischen.

5
Die Gewürzgurken kleinschneiden. Die Kräuter waschen und fein hacken. Quark oder Schichtkäse, Sahne, Apfel, Meerrettich und Kräuter mischen und mit Salz und Pfeffer abschmecken.

6
Die Kartoffeln auf eine Platte geben und den

Kartoffeln mit Meer-rettich-Apfel-Quark

1
Den Backofen auf 180° vorheizen. Die Kartoffeln gründlich waschen, dann längs halbieren.

Quark oder Schichtkäse getrennt dazu reichen.

Zubereitungszeit: etwa 1 Stunde

Kartoffelteigfladen mit Mangold

Anstelle von Mangold schmecken auch Spinat oder gehäutete Tomaten, in Scheiben geschnitten.

Kurzrezept

◢ Kartoffeln kochen und fein zerdrücken

◢ Mit Öl, Salz und Mehl mischen, einen Fladen formen

◢ Tomaten häuten und kleinschneiden

◢ Mit Zwiebel und Knoblauch kochen, auf den Teig streichen und mit Mangold belegen

◢ Käse darauf verteilen, Fladen backen

Raffiniert

Zutaten für 2 Personen:

300 g mehligkochende Kartoffeln	
2 EL Olivenöl	
Salz	
etwa 120 g Mehl	
400 g Tomaten	
1 Zwiebel	
1 Knoblauchzehe	
1 TL getrockneter Thymian	
400 g Mangold	
weißer Pfeffer, frisch gemahlen	
150 g Mozzarella	
Öl für die Form	

Pro Portion etwa:
2800 kJ/670 kcal

1
Die Kartoffeln waschen und in einem Topf in wenig Wasser zugedeckt weich kochen. Noch heiß schälen und durch die Kartoffelpresse drücken (Seite 56).

2
Mit 1 Eßlöffel Olivenöl und etwas Salz mischen und abkühlen lassen. Dann mit dem Mehl zu einem gebundenen Teig verarbeiten.

3
Die Tomaten mit kochendem Wasser überbrühen, kurz darin ziehen lassen, kalt abschrecken und häuten. In kleine Würfel schneiden, dabei die Stielansätze entfernen. Zwiebel und Knoblauch schälen und fein hacken.

4
Das restliche Öl in einem Topf erhitzen. Zwiebel und Knoblauch darin glasig dünsten. Tomaten und Thymian dazugeben und alles offen bei mittlerer Hitze etwa 15 Minuten garen, bis ein Mus entstanden ist.

5
Inzwischen den Mangold waschen. In kochendem Salzwasser 1 Minute blanchieren, dann kalt abschrecken und in Streifen schneiden.

6
Den Backofen auf 250° vorheizen. Eine Pizza-, Tarte- oder Springform von 28 cm Durchmesser mit Öl ausstreichen und mit dem Kartoffelteig auskleiden.

7
Das Tomatenmus mit Salz und Pfeffer abschmecken und auf dem Teig verstreichen. Mangold darauf verteilen. Mozzarella in Scheiben schneiden und darauf legen (Seite 74).

8
Den Kartoffelteigfladen im Backofen (Mitte; Gas Stufe 5) etwa 30 Minuten backen, bis er schön gebräunt ist.

Zubereitungszeit: etwa 1 1/2 Stunden

◢ TIP
Der Kartoffelteigfladen sieht in einer Pizzaform besonders hübsch aus. Sie bekommen die runden Formen in Haushaltwarengeschäften. Oder Sie bringen sich eine aus Italien mit.

Kartoffeln mit Lachsfüllung

Statt Lachs schmecken auch Kabeljau, Rotbarsch oder – ganz edel – Garnelen.

Kurzrezept

- Kartoffeln garen und aushöhlen
- Tomaten häuten, würfeln und mit gewürfeltem Fisch mischen
- Kerbel und Crème fraîche untermischen, in die Kartoffeln füllen
- Im Ofen garen

Raffiniert • Für Gäste

Zutaten für 4 Personen:

8 gleich große Kartoffeln (etwa 1,2 kg)	
500 g Lachsfilet	
1 EL Zitronensaft	
300 g Tomaten	
1 Handvoll Kerbel	
100 g Crème fraîche	
Salz	
weißer Pfeffer, frisch gemahlen	
Pro Portion etwa: 2400 kJ/570 kcal	

1
Die Kartoffeln unter fließendem Wasser gründlich abbürsten, dann mit wenig Wasser in einen Topf geben und zugedeckt etwa 20 Minuten vorgaren.

2
Inzwischen das Lachsfilet in kleine Würfel schneiden, mit dem Zitronensaft mischen. Die Tomaten mit kochendem Wasser überbrühen, kalt abschrecken und häuten. In kleine Würfel schneiden, dabei die Stielansätze entfernen. Den Kerbel verlesen, waschen und fein hacken.

3
Die Kartoffeln etwas ausdämpfen lassen, dann halbieren und aushöhlen. Es soll ein Rand von etwa 1 cm Dicke stehenbleiben. Ausgehöhltes Kartoffelfleisch kleinschneiden (Seite 74).

4
Den Backofen auf 200° vorheizen. Lachs, Tomaten, Crème fraîche, die Hälfte der zerkleinerten Kartoffeln und Kerbel mischen und mit Salz und Pfeffer fein abschmecken.

5
Die Masse in die Kartoffeln füllen und diese in eine große feuerfeste Form geben. Übrige Füllung mit dem restlichen Kartoffelfleisch mischen, zwischen den Kartoffeln verteilen.

6
Die Kartoffeln im Backofen (Mitte; Gas Stufe 3) etwa 15 Minuten backen.

Zubereitungszeit: etwa 1 Stunde

Wenn Sie lieber milden Käse mögen, nehmen Sie Mozzarella oder Gouda.

Kurzrezept

- Kartoffeln halbieren und aushöhlen
- Ausgehöhltes mit Lauch, Tomate und Champignons kleinschneiden
- Mit Thymian und Käse mischen und in die Kartoffeln füllen
- In einer feuerfesten Form backen

Vegetarisch

Zutaten für 2 Personen:

4 gleich große Kartoffeln (etwa 600 g)	
2 dünne Stangen Lauch	
1 Tomate (etwa 100 g)	
150 g Champignons	
1 EL Zitronensaft	
einige Zweige frischer Thymian	
150 g Roquefort	
Salz	
weißer Pfeffer, frisch gemahlen	
Pro Portion etwa: 2200 kJ/520 kcal	

2

Das ausgehöhlte Kartoffelfleisch sehr klein würfeln. Den Lauch putzen, waschen und in feine Ringe schneiden. Die Tomate waschen und klein würfeln. Die Pilze putzen und würfeln, mit dem Zitronensaft mischen. Den Thymian waschen, die Blättchen abstreifen. Den Käse zerdrücken. Alles mischen und mit Salz und Pfeffer pikant abschmecken.

3

Den Backofen auf 180° vorheizen. Die Masse in die Kartoffeln füllen.

4

Die Kartoffeln in eine feuerfeste Form setzen. Wenn noch Füllung übrig ist, diese zwischen den Kartoffeln verteilen.

5

Die Kartoffeln im Backofen (Mitte; Gas Stufe 2) etwa 45 Minuten garen, bis sie gebräunt und weich sind.

Kartoffeln mit Pilz-Lauch-Füllung

1

Die Kartoffeln unter fließendem Wasser waschen und der Länge nach halbieren. Mit einem scharfkantigen Teelöffel aushöhlen. Dabei einen Rand von etwa 1 cm stehenlassen (Seite 74).

Zubereitungszeit: etwa 1 1/4 Stunden

Tortilla
Die halb garen Kartoffelscheiben in der Pfanne mit der Eiermasse übergießen und diese bei schwacher Hitze stocken lassen. Dann mit einem Teller wenden und auf der zweiten Seite fertig backen.

Pizza
Hefeteig mit Kartoffelbelag ist ungewöhnlich, aber ausgesprochen köstlich. Wichtig: Die Kartoffeln müssen mehlig sein, sonst werden sie in der Backzeit nicht weich. Eventuell die Kartoffeln kurz blanchieren, bevor Sie sie dachziegelartig auf den Teig legen.

Gnocchi
Echte Gnocchi brauchen feine Rillen. Die Teigstücke dafür auf ein bemehltes Brett legen und mit den Zinken einer Gabel auf beiden Seiten leicht eindrücken. Gnocchi vor dem Kochen etwas antrocknen lassen, sie werden dann angenehm bißfest.

Exotische Würze
Curry ist eine Gewürzmischung. Selbstgemischt schmeckt es besonders gut: 1 EL Kreuzkümmel, 2 EL Koriander, 1/2 EL Kurkuma, 1/2 EL Zimtpulver und je 1 TL Cayennepfeffer und Gewürznelken mischen und in ein Schraubglas füllen.

Anrösten schafft Aroma
Die Gewürze entfalten ihr Aroma erst so richtig, wenn Sie sie in Öl anrösten. Für das KartoffelAuberginen-Curry brauchen Sie etwa 1 gestrichenen Eßlöffel von dem selbstgemischten Pulver. Dann die Zutaten nach Rezept dazugeben.

Moussaka braucht Béchamel
Die griechische Spezialität bekommt Aroma und Sämigkeit durch eine Béchamelsauce. Dafür Butter schmelzen lassen, Mehl darin anrösten. Milch dazurühren. Die Sauce bei schwacher bis mittlerer Hitze in etwa 5 Minuten dickflüssig köcheln.

Knusprig ausbacken
In Indien liebt man in Kichererbsenteig ausgebackene Kartoffeln und Gemüse mit einer erfrischenden Sauce. Dafür rohe Kartoffelscheiben und anderes rohes Gemüse mit einer Gabel in den Teig tauchen, dann in heißem Öl ausbacken.

Kräuter konservieren
Frische Kräuter am besten im Kühlschrank in einem gut schließenden Plastikgefäß aufbewahren. Sie halten sich bis zu einer Woche frisch. Rosmarin, Thymian und Salbei lassen sich gut trocknen. Die Kräuter zusammenbinden und kopfüber an einem luftigen Platz aufhängen.

Weit gereist

Kartoffelsuppe mit Lamm und Tomaten

Das Rezept für diese ungewöhnliche Suppe stammt aus der ehemaligen Sowjetunion. Sie schmeckt auch mit Rindfleisch sehr gut.

Kurzrezept

▲ Kartoffeln schälen und würfeln
▲ Fleisch, Apfel, gehäutete Tomaten und Zwiebeln kleinschneiden
▲ Fleisch und Gemüse im Schmalz braten
▲ Brühe und Erbsen zugeben, Suppe garen

Ganz einfach

Zutaten für 4–6 Personen:
500 g mehligkochende Kartoffeln
250 g Lammkeule
1 säuerlicher Apfel (etwa 150 g)
1 EL Zitronensaft
500 g Tomaten
2 große Zwiebeln
1–2 EL Butterschmalz
1 l Fleischbrühe
300 g tiefgefrorene Erbsen
Salz
weißer Pfeffer, frisch gemahlen
2–3 EL saure Sahne
Bei 6 Personen
pro Portion etwa:
1200 kJ/290 kcal

1
Die Kartoffeln waschen, schälen und klein würfeln. Das Fleisch ebenfalls in Würfel schneiden. Den Apfel schälen, vierteln, vom Kerngehäuse befreien und in Scheiben schneiden. Mit dem Zitronensaft beträufeln, damit sie sich nicht zu stark verfärben. Die Tomaten mit kochendem Wasser überbrühen, kurz darin ziehen lassen, kalt abschrecken und häuten. In kleine Würfel schneiden, dabei die Stielansätze entfernen. Die Zwiebeln schälen und fein hacken.

2
Das Butterschmalz in einem großen Topf erhitzen. Die Zwiebeln hinzufügen und unter Rühren kurz anbraten.

3
Das Fleisch hinzufügen und mitbraten, bis es schön gebräunt ist. Kartoffeln und Äpfel dazugeben und kurz mitbraten. Fleischbrühe und Tomaten hinzufügen und alles zum Kochen bringen.

4
Die Suppe zugedeckt bei mittlerer Hitze etwa 15 Minuten köcheln lassen, bis die Kartoffeln fast weich sind.

5
Die Erbsen unaufgetaut hinzufügen, die Suppe mit Salz und Pfeffer abschmecken und noch einmal etwa 5 Minuten kochen.

6
Die Suppe in vorgewärmte Teller verteilen, mit der sauren Sahne garnieren und servieren.

Zubereitungszeit: etwa 50 Minuten

▲VARIANTE
In der russischen Küche ist, besonders im Sommer, eine kalte Kartoffelsuppe mit Rettich, Gurken und saurer Sahne beliebt. Dafür Kartoffeln schälen, würfeln und anbraten. In Brühe garen, pürieren und abkühlen lassen. Gurke, Rettich und Schnittlauch kleinschneiden und mit saurer Sahne zur Suppe geben.

Ein schnelles Gericht, das auch mit normalen Kartoffeln schmeckt. Dann mit 1 Prise Zucker abschmecken.

Kurzrezept
- Schalotten hacken
- Kartoffel schälen und in Stifte schneiden
- Schalotten und Kartoffeln in Öl braten
- Sonnenblumenkerne zugeben, würzen

Spezialität aus Kalifornien

Zutaten für 2 Personen:
100 g Schalotten
1 Süßkartoffel (etwa 450 g)
3 EL Sonnenblumenöl
2 EL Sonnenblumen- kerne
3 EL Sojasauce
weißer Pfeffer, frisch gemahlen
etwa 250 g Joghurt

Pro Portion etwa:
2100 kJ/500 kcal

und kurz unter Rühren anbraten. Dann zugedeckt bei mittlerer Hitze etwa 10 Minuten braten, bis die Kartoffelstifte weich sind.

3
Die Sonnenblumenkerne hinzufügen. Die Süßkartoffelstifte mit der Sojasauce und Pfeffer pikant abschmecken. Den Joghurt getrennt dazu reichen.

Zubereitungszeit: etwa 35 Minuten

VARIANTE
Versuchen Sie einmal Frühlingszwiebeln statt Schalotten, und geben Sie etwas feingehackten Ingwer dazu. Auch ein Hauch Schärfe paßt gut an dieses Gericht. Nehmen Sie zum Beispiel 1 Prise Cayennepfeffer oder einige Tropfen Chiliöl.

Süßkartoffel mit Schalotten

1
Die Schalotten schälen und fein hacken. Die Süßkartoffel schälen, waschen und zuerst in feine Scheiben, dann in dünne Stifte schneiden.

2
Das Öl in einem Topf erhitzen. Die Schalotten darin unter Rühren glasig dünsten. Die Süßkartoffelstifte hinzufügen

Süßkartoffelpüree mit Orangen

Zu diesem exotischen Püree schmeckt kurzgebratenes Fleisch, aber auch Fisch – gebraten oder gegrillt – sehr gut.

Kurzrezept

- Kartoffel schälen, würfeln und weich kochen
- Zerdrücken, mit Butter, Orangen und Gewürzen mischen
- Orangen aushöhlen, mit dem Püree füllen und im Ofen backen

Ungewöhnlich

Zutaten für 3 Personen:
1 große Süßkartoffel (etwa 600 g)
1/2 Bund Koriander (ersatzweise Petersilie und etwas Minze)
4 unbehandelte Orangen
1 EL Butter
1 TL Zimtpulver
1/4 TL gemahlene Gewürznelken
Salz
weißer Pfeffer, frisch gemahlen
Pro Portion etwa: 1000 kJ/240 kcal

1
Die Kartoffel waschen, schälen und würfeln. In einen Topf geben, etwa 3 cm hoch Wasser hinzufügen und alles zum Kochen bringen. Die Kartoffelwürfel zugedeckt bei mittlerer Hitze in etwa 6 Minuten weich kochen.

2
Den Koriander waschen, trockentupfen und die Blättchen abzupfen. Größere Blättchen halbieren.

3
1 Orange heiß abwaschen und abtrocknen. Die Schale fein abreiben und die Orange dann auspressen. Die übrigen Orangen halbieren und das Fruchtfleisch mit einem Löffel oder einem Messer auslösen. Das Fruchtfleisch für ein anderes Gericht oder für einen Nachtisch verwenden.

4
Die Kartoffelwürfel abgießen und mit dem Kartoffelstampfer fein zerdrücken (Seite 20). Orangenschale und -saft, Butter, Zimt, Nelken, Salz und Pfeffer untermischen. Den Backofen auf 220° vorheizen.

5
Den Koriander unter das Süßkartoffelpüree mischen. Die Orangen mit der Masse füllen und in eine feuerfeste Form setzen. Im Backofen (Mitte; Gas Stufe 4) etwa 15 Minuten backen.

Zubereitungszeit: etwa 40 Minuten

Die klassische Tortilla wird nur aus Kartoffeln und Ei hergestellt. Gut schmeckt sie außer mit Salbei auch mit Zwiebeln oder Paprikawürfeln.

Kurzrezept

- Kartoffeln schälen und in Scheiben hobeln
- Salbei waschen
- Eier verquirlen
- Kartoffeln in Öl braten
- Salbei dazugeben, Eier darüber gießen und stocken lassen

Schnell • Preiswert

Zutaten für 2 Personen:
300 g vorwiegend fest- kochende Kartoffeln
5–6 Salbeiblätter
4 Eier
Salz, Pfeffer
3 EL Olivenöl
Pro Portion etwa: 1700 kJ/400 kcal

3

Das Öl in einer Pfanne erhitzen. Die Kartoffel- scheiben darin bei mitt- lerer Hitze unter Rühren etwa 3 Minuten braten, bis sie goldbraun sind. Den Salbei untermischen und alles noch einmal kurz braten.

4

Die Eiermasse über die Kartoffeln gießen (Seite 96). Die Tortilla zuge- deckt bei schwacher Hit- ze etwa 8 Minuten garen, bis die Unterseite gebräunt ist und sich vom Pfannenboden lösen läßt.

5

Die Tortilla auf einen Teller gleiten lassen, mit Hilfe eines zweiten Tellers wenden und wieder in die Pfanne

Kartoffeltortilla mit Salbei

1

Die Kartoffeln waschen, schälen und in etwa 3 mm dicke Scheiben schneiden. Die Scheiben mit einem Küchentuch sorgfältig trockentupfen.

2

Die Salbeiblätter wa- schen, trockenschütteln und ebenfalls trocken- tupfen. Die Eier mit Salz und Pfeffer gründlich verquirlen, bis die Masse schaumig ist.

geben (Seite 96). Zuge- deckt in etwa 5 Minuten fertig garen. Die Tortilla soll gebräunt und die Kartoffeln sollen weich sein.

Zubereitungszeit: etwa 30 Minuten

Kartoffelpizza mit Käse

Kurzrezept

- Hefeteig zubereiten
- Kartoffeln schälen, in Scheiben hobeln
- Teig in Pizzaform verteilen
- Mit Kartoffeln belegen, würzen und mit Käse bedecken, backen

Spezialität aus Süditalien

Zutaten für 2 Personen:

Für den Teig:

250 g Mehl oder Vollkornmehl
20 g frische Hefe
Salz
4 EL Olivenöl

Für den Belag:

500 g mehligkochende Kartoffeln
1 Fleischtomate
1 Knoblauchzehe
3–4 Zweige frischer Rosmarin
4 EL Olivenöl
Salz
schwarzer Pfeffer, frisch gemahlen
75 g Parmesan, frisch gerieben
Pro Portion etwa: 4800 kJ/1100 kcal

1
Das Mehl in eine Schüssel sieben, eine Mulde hineindrücken. Die Hefe zerbröckeln, mit etwas lauwarmem Wasser anrühren, in die Mulde geben und etwa 15 Minuten gehen lassen.

2
Etwa 1/8 l lauwarmes Wasser, Salz und Öl hinzufügen. Alles zu einem geschmeidigen, glatten Teig verkneten. Den Teig zugedeckt etwa 45 Minuten gehen lassen.

3
Die Kartoffeln waschen, schälen und in feine Scheiben hobeln. Die Tomate waschen und klein würfeln, dabei den Stielansatz entfernen. Den Knoblauch schälen und sehr fein hacken. Den Rosmarin waschen und fein hacken.

4
Den Teig durchkneten. Eine Pizzaform mit Öl ausstreichen. Den Teig darin verteilen, den Rand etwas dicker formen.

5
Den Backofen auf 200° vorheizen. Tomate und Knoblauch mischen, salzen, pfeffern und auf dem Teig verteilen. Die Kartoffeln schuppenförmig darauf legen (Seite 96). Salzen, pfeffern, mit Rosmarin und Parmesan bestreuen und mit Öl beträufeln. Die Pizza im Backofen (Mitte; Gas Stufe 3) etwa 40 Minuten backen.

Zubereitungszeit: etwa 1 1/4 Stunden

Das Kichererbsenmehl, die Koriandersamen und auch das leicht scharf und erfrischend schmeckende Koriandergrün bekommen Sie in asiatischen Lebensmittelgeschäften.

Kurzrezept

◣ Teig rühren
◣ Kartoffeln und Blumenkohl in Stücke schneiden
◣ Saucenzutaten mixen
◣ Öl erhitzen
◣ Kartoffeln und Blumenkohl durch den Teig ziehen
◣ Fritieren

Spezialität aus Indien

Zutaten für 4 Personen:

250 g Kichererbsenmehl
1 TL Erdnußöl
Salz
Cayennepfeffer
1 kleiner Blumenkohl (etwa 800 g)
500 g vorwiegend festkochende Kartoffeln
1 Bund Koriandergrün
1 Bund Basilikum
einige Blättchen Pfefferminze
1 frische, grüne Pfefferschote
1 walnußgroßes Stück frischer Ingwer
2 TL Koriandersamen
400 g Joghurt
750 ml raffiniertes Pflanzenöl

Pro Portion etwa: 2800 kJ/670 kcal

1
Für den Ausbackteig das Kichererbsenmehl mit dem Erdnußöl in eine Schüssel geben und mit 1 Teelöffel Salz und 1 kräftigen Prise Cayennepfeffer würzen. Mit dem Schneebesen unter Rühren etwa 300 ml lauwarmes Wasser unterrühren, bis ein gebundener Teig entsteht. Den Teig etwa 15 Minuten ruhen lassen.

2
Inzwischen den Blumenkohl waschen und in einzelne Röschen teilen. Den Strunk in mundgerechte Stücke teilen. Die Kartoffeln waschen, schälen und in etwa 1/2 cm dicke Scheiben schneiden.

3
Für die Sauce den Koriander, das Basilikum und die Minze waschen, trockenschütteln und von den groben Stielen befreien. Die Pfefferschote halbieren, vom Stielansatz und allen Kernen befreien und gründlich kalt abspülen. Den Ingwer schälen und grob zerkleinern.

4
Koriander, Basilikum, Minze, Pfefferschote, Ingwer und Koriandersamen mit dem Joghurt in den Mixer geben und fein pürieren.

5
Die Sauce mit Salz und eventuell etwas Cayennepfeffer abschmecken.

6
Das Öl in einem Topf erhitzen. Es ist heiß genug, wenn an einem hölzernen Kochlöffelstiel, den Sie ins heiße Fett tauchen, kleine Bläschen aufsteigen (Seite 20).

7
Blumenkohlröschen und Kartoffelscheiben einzeln durch den Kichererbsenteig ziehen und in dem heißen Öl portionsweise je etwa 4 Minuten fritieren, bis sie weich und schön gebräunt sind (Seite 96).

8
Die gebackenen Stücke jeweils im Backofen bei 75° auf Küchenpapier warm halten.

9
Blumenkohl und Kartoffeln mit der grünen Sauce servieren.

Dazu paßt außerdem (indisches) Fladenbrot.

Zubereitungszeit: etwa 1 Stunde

◤ TIP
Manchmal gibt es sogar Korianderpflänzchen in Töpfchen im Supermarkt.

▲ Kartoffeln schälen und würfeln

▲ Tomaten häuten und kleinschneiden

▲ Zwiebeln und Knoblauch hacken

▲ Kartoffeln, Zwiebeln und Knoblauch anbraten

▲ Mit Tomaten schmoren

Spezialität aus der Provence

Zutaten für 4 Personen:

700 g vorwiegend fest-kochende Kartoffeln

500 g Tomaten

3 weiße Zwiebeln

4 Knoblauchzehen

2 EL Olivenöl

50 ml trockener Weißwein

2 TL Rotweinessig

Salz

weißer Pfeffer, frisch gemahlen

1 Bund Petersilie

10 schwarze Oliven

Pro Portion etwa: 1100 kJ/260 kcal

Kartoffelgemüse mit Oliven

1
Die Kartoffeln waschen, schälen und in etwa 1 cm große Würfel schneiden. Die Tomaten mit heißem Wasser über-brühen, häuten und in kleine Würfel schneiden, dabei die Stielansätze entfernen. Die Zwiebeln und den Knoblauch schälen und beide sehr fein hacken.

2
Das Öl in einer großen Pfanne erhitzen. Zwie-beln und Knoblauch darin glasig dünsten. Die Kartoffeln kurz mit-braten.

3
Tomaten, Wein und Essig untermischen und alles mit Salz und Pfeffer würzen. Zugedeckt bei mittlerer Hitze etwa 20 Minuten schmoren, bis die Kartoffeln weich sind.

4
Die Petersilie waschen und ohne die groben Stiele fein hacken. Mit den Oliven unter das Kartoffelgemüse mischen. In vorgewärmten Tellern servieren. Dazu schmeckt kurzgebratenes Fleisch, gegrillter Mittelmeerfisch oder Spinatgemüse.

**Zubereitungszeit:
etwa 45 Minuten**

Rosmarinkartoffeln

Kaufen Sie möglichst neue Kartoffeln aus kontrolliertem Anbau, damit Sie die Schale unbedenklich mitessen können.

Kurzrezept

◢ Kartoffeln waschen und in der Schale kochen

◢ Knoblauch und Rosmarin hacken

◢ Kartoffeln in der Schale in Olivenöl braten, mit Salz, Pfeffer, Knoblauch und Rosmarin würzen

Spezialität aus Italien

Zutaten für 4 Personen:
1 kg neue, möglichst kleine Kartoffeln
4–5 Zweige frischer Rosmarin
3–4 Knoblauchzehen
4–5 EL Olivenöl
Salz
schwarzer Pfeffer, frisch gemahlen
Pro Portion etwa:
1200 kJ/290 kcal

1
Die Kartoffeln unter fließendem Wasser gründlich bürsten, in einen Topf geben und etwa 2 cm hoch Wasser angießen. Alles zum Kochen bringen und die Kartoffeln zugedeckt bei mittlerer Hitze in etwa 20 Minuten weich kochen.

2
Inzwischen den Rosmarin waschen. Die Nadeln von den Stielen zupfen und grob hacken. Den Knoblauch schälen und sehr fein hacken.

3
Die Kartoffeln abgießen und ausdämpfen lassen.

4
Das Öl in einer großen Pfanne erhitzen. Die Kartoffeln hineingeben und bei mittlerer Hitze unter Rühren etwa 5 Minuten braten, bis sie von allen Seiten gebräunt sind. Den Rosmarin untermischen und 1 Minute mitbraten.

5
Die Kartoffeln mit Salz und Pfeffer würzen. Den Knoblauch untermischen und alles noch 1/2 Minute unter Rühren braten. Dazu passen gegrillte Lammkoteletts oder auch Gemüse.

Zubereitungszeit: etwa 45 Minuten

Kartoffeln und Huhn in Kokosmilch

Ein Gericht, das man sowohl in Thailand als auch in Vietnam schätzt.

Kurzrezept

- ◢ Hühnerfleisch klein-schneiden, marinieren
- ◢ Kartoffeln und Möhren in Stücke teilen
- ◢ Zitronengras mit Kokosmilch und Currypaste erhitzen
- ◢ Restliche Zutaten hinzufügen, schmoren

Ungewöhnlich

Zutaten für 3–4 Personen:

2 Hühnerbrüstchen mit Knochen (je etwa 300 g)

1 Knoblauchzehe

2 EL Austernsauce

500 g vorwiegend fest-kochende Kartoffeln

250 g große Möhren

2 Stengel Zitronengras (ersatzweise Schale von 1 unbehandelten Zitrone)

1 Dose Kokosmilch (400 g)

3 EL Fischsauce

2–3 TL rote Currypaste

Salz

1 Bund Basilikum

Bei 4 Personen pro Portion etwa:
890 kJ/210 kcal

1
Die Hühnerbrüstchen mit der Geflügelschere in Stücke schneiden. Den Knoblauch pressen. Mit der Austernsauce zum Fleisch geben. Etwa 15 Minuten marinieren.

2
Kartoffeln und Möhren waschen, schälen und in etwa 2 cm große Würfel schneiden.

3
Das Zitronengras wa-schen und in etwa 2 cm große Stücke schneiden.

4
Kokosmilch, 200 ml Wasser, Fischsauce und Currypaste verrühren und salzen. Mit dem Zitronengras in einen Topf geben und zum Kochen bringen. Etwa 2 Minuten kochen lassen.

5
Hühnerfleisch, Kartoffeln und Möhren dazugeben und alles bei mittlerer Hitze offen etwa 30 Mi-nuten schmoren lassen. Dabei immer wieder durchrühren.

6
Das Basilikum waschen, die Blättchen abzupfen. Das Gericht mit dem Basilikum bestreuen und servieren. Dazu schmeckt Reis.

Zubereitungszeit: etwa 1 1/4 Stunden

◢ TIP
Alle exotischen Zutaten können Sie in Asien-Läden kaufen.

Ein köstliches Gericht aus Indien. Sie können die Auberginen auch durch Möhren, Blumenkohl oder grüne Erbsen ersetzen.

Kurzrezept

◢ Aubergine und Kartoffeln würfeln
◢ Zwiebel, Ingwer und Pfefferschote kleinschneiden
◢ Zutaten anbraten
◢ Gewürze und Flüssigkeit dazugeben

Vegetarisch

Zutaten für 3–4 Personen:
1 Aubergine (etwa 350 g)
600 g vorwiegend festkochende Kartoffeln
1 Zwiebel
1 Stück frische Ingwerwurzel (etwa walnußgroß)
1 frische, rote Pfefferschote oder 1/2 TL Cayennepfeffer
1 TL gemahlener Kreuzkümmel
2 TL gemahlener Koriander
1 TL gemahlener Kurkuma
1/2 TL Zimtpulver
1/2 TL gemahlene Gewürznelken
Salz
5 EL Pflanzenöl oder Butterschmalz
200 g Joghurt
einige frische Korianderblätter
Bei 4 Personen
pro Portion:
1100 kJ/260 kcal

1

Die Aubergine waschen, die Kartoffeln waschen und schälen. Beides in etwa 2 cm große Würfel schneiden. Die Zwiebel und den Ingwer schälen und fein hacken. Die Pfefferschote längs halbieren, putzen, waschen und in Streifen schneiden.

2

Kreuzkümmel, Koriander, Kurkuma, Zimt und Salz mischen (Seite 96). Etwa 4 Eßlöffel Öl in einer großen Pfanne erhitzen.

Kartoffel-Auberginen-Curry

Die Aubergine darin unter Rühren anbraten, bis sie gebräunt ist, herausnehmen.

3

Das restliche Öl erhitzen. Zwiebel, Ingwer und Pfefferschote darin andünsten. Die Gewürzmischung unterrühren (Seite 96). Kartoffeln, Joghurt und 200 ml Wasser untermischen.

4

Alles zum Kochen bringen und zugedeckt bei mittlerer Hitze etwa 45 Minuten schmoren lassen. Dabei immer wieder umrühren. Mit Koriander bestreuen.

Zubereitungszeit: etwa 1 Stunde

Kartoffelgnocchi mit Tomatensauce

Die Kartoffelgnocchi schmecken auch mit zerlassener Butter und Parmesan sehr gut. Oder mit Gorgonzolasauce oder Pesto.

Kurzrezept

- Gemüse, Zwiebel und Knoblauch klein-schneiden
- In Öl andünsten, Tomaten zugeben, schmoren
- Kartoffeln garen, zerdrücken und mit Mehl mischen, zu Gnocchi formen
- Gnocchi in Salzwasser garen, mit Sauce servieren

Braucht etwas Zeit

Zutaten für 4 Personen:

Für die Sauce:

1 Möhre
2 Stangen Stauden-sellerie
2 Knoblauchzehen
2 EL Olivenöl
1 große Dose gehäutete Tomaten (800 g)
1 Zweig frischer Rosmarin
Salz
weißer Pfeffer, frisch ge-mahlen
1 Prise Zucker
1 Bund Basilikum

Für die Gnocchi:

1 kg mehligkochende Kartoffeln
250 g Mehl
Salz

Pro Portion etwa:
2000 kJ/480 kcal

1
Für die Sauce die Möhre und den Sellerie putzen, waschen und klein-schneiden. Den Knob-lauch schälen und fein hacken.

2
Das Öl in einem großen Topf erhitzen. Knoblauch und Gemüse darin glasig dünsten. Die Tomaten mit dem Saft unter-mischen. Den Rosmarin waschen, trocken-schütteln. Die Nadeln abstreifen, kleinschnei-den und zum Gemüse geben.

3
Alles mit Salz, Pfeffer und Zucker nach Ge-schmack würzen und zugedeckt bei mittlerer Hitze etwa 1 Stunde köcheln lassen. Dabei immer wieder umrühren.

4
Das Basilikum waschen, trockenschütteln, die Blättchen abzupfen und in Streifen schneiden.

5
Die Gemüsestückchen in der Sauce mit einem Kartoffelstampfer leicht zerdrücken. Die Sauce eventuell noch etwas einkochen lassen. Mit Basilikum mischen und nach Belieben nach-würzen.

6
Während die Sauce gart, die Kartoffeln waschen und ungeschält in wenig Wasser zugedeckt in etwa 30 Minuten weich kochen. Heiß schälen und sofort durch die Kar-toffelpresse drücken.

7
Das Püree etwas aus-kühlen lassen (Seite 56), dann mit dem Mehl und 1 Teelöffel Salz mischen und kurz, aber gründlich durchkneten.

8
Aus dem Teig etwa fin-gerdicke Rollen formen. Diese in Stücke schnei-den und mit einer Gabel eindrücken (Seite 96).

9
Die Gnocchi nebenein-ander auf ein bemehltes Küchentuch legen und etwa 15 Minuten ruhen lassen.

10
Reichlich Wasser mit Salz zum Kochen bringen. Die Gnocchi hineingeben. Einmal aufkochen las-sen, dann bei schwacher Hitze etwa 5 Minuten garen, bis sie an die Oberfläche steigen. Her-ausheben und gut ab-tropfen lassen.

11
Mit der Tomatensauce servieren. Dazu paßt geriebener Parmesan.

**Zubereitungszeit:
etwa 2 Stunden**

Kurzrezept

◢ Kartoffeln kochen, zerdrücken, mit Maismehl und Käse mischen

◢ Zu Röllchen formen und in Maiskeimöl braten

◢ Avocadofleisch auslösen, zerdrücken

◢ Tomate häuten, würfeln und untermischen

◢ Mit Limonensaft, zerkleinerter Chilischote und Kräutern würzen

Raffiniert • Spezialität aus Mexiko

Kartoffelröllchen mit Avocadosauce

Zutaten für 2–3 Personen:

Für die Röllchen:

400 g mehligkochende Kartoffeln

100 g Maismehl

75 g Pecorino, frisch gerieben

Salz

Cayennepfeffer

2–3 EL Maiskeimöl

Für die Avocadosauce:

1 große oder 2 kleinere, vollreife Avocados

1 Fleischtomate

Saft von 1 Limone

1 rote Chilischote

Salz

2 EL Kräuter (zum Beispiel Koriander, Zitronenmelisse, Petersilie), fein gehackt

Bei 3 Personen pro Portion etwa: 2400 kJ/570 kcal

1
Die Kartoffeln waschen und ungeschält in wenig Wasser garen.

2
Für die Sauce die Avocado halbieren. Das Fruchtfleisch herauslösen und fein zerdrücken. Die Tomate häuten und kleinwürfeln.

3
Den Limonensaft mit der Tomate zur Avocado geben. Die Chilischote waschen, längs halbieren, putzen, fein hacken und untermischen. Mit Salz und Kräutern würzen.

4
Die Kartoffeln etwas ausdämpfen lassen, schälen, fein zerdrücken. Kurz abkühlen lassen, mit dem Maismehl und dem Käse mischen und mit Salz und Cayennepfeffer abschmecken.

5
Aus dem Teig etwa 5 cm lange, 2 cm dicke Röllchen formen. Das Öl in einer Pfanne erhitzen. Die Röllchen darin bei mittlerer Hitze etwa 8 Minuten braten. Mit der Creme servieren.

Zubereitungszeit: etwa 1 Stunde

Dieses Gericht stammt aus Ligurien. Statt mit Basilikum können Sie das Pesto auch einmal mit anderen Kräutern wie Thymian, Petersilie oder Bohnenkraut zubereiten.

Kurzrezept

◢ Basilikum und Knoblauch vorbereiten, mit Pinienkernen zerdrücken
◢ Käse und Öl untermischen
◢ Kartoffeln würfeln, mit Nudeln kochen
◢ Kartoffeln und Nudeln abgießen und mit dem Pesto mischen

Vegetarisch

Zutaten für 4 Personen:
2 große Bund Basilikum
1–2 Knoblauchzehen
50 g Pinienkerne
25 g Parmesan oder Pecorino, frisch gerieben
50 ml Olivenöl, kaltgepreßt
Salz
200 g festkochende Kartoffeln
400 g Bandnudeln
Pro Portion etwa:
2500 kJ/600 kcal

1
Für das Pesto Basilikum waschen und trockenschwenken. Die Blättchen abzupfen. Knoblauch schälen und grob hacken.

2
Basilikum, Knoblauch und Pinienkerne im Mörser oder im Mixer gründlich zerkleinern. Wenn die Sauce glatt ist, erst den Käse, dann nach und nach das Öl untermischen. Das Pesto mit Salz abschmecken.

3
Die Kartoffeln schälen und in mundgerechte Würfel schneiden.

4
In einem großen Topf reichlich Salzwasser zum Kochen bringen. Kartoffeln und Nudeln hineingeben und etwa 8 Minuten sprudelnd kochen lassen, bis die Kartoffeln weich und die Nudeln bißfest sind.

5
Das Pesto mit 1–2 Eßlöffeln vom Kochwasser verrühren. Nudeln und Kartoffeln abgießen, mit dem Pesto in einer vorgewärmten Schüssel mischen und servieren. Dazu paßt frisch geriebener Parmesan oder Pecorino.

Zubereitungszeit: etwa 40 Minuten

Kartoffel-Auberginen-Moussaka

Kurzrezept

- Aubergine und Zucchini in Scheiben schneiden
- Tomaten häuten und würfeln, Zwiebeln, Knoblauch und Kräuter hacken
- Mit Hackfleisch mischen
- Béchamelsauce kochen
- Kartoffeln schälen und in Scheiben hobeln
- Zutaten lagenweise in eine feuerfeste Form schichten, backen

Braucht etwas Zeit

Zutaten für 4 Personen:
1 schlanke Aubergine (etwa 200 g)
2 junge Zucchini (etwa 200 g)
500 g Tomaten
1 Bund Frühlingszwiebeln
2 Knoblauchzehen
1 Bund Petersilie
1/2 Bund frischer Thymian
250 g Rinderhackfleisch
Salz
weißer Pfeffer, frisch gemahlen
1 Prise Zucker
40 g Butter
30 g Mehl oder Vollkornmehl
etwa 300 ml Milch
125 g Sahne
125 g Bergkäse, frisch gerieben
500 g mehligkochende Kartoffeln

Pro Portion etwa:
2500 kJ/600 kcal

1
Die Aubergine und die Zucchini gründlich waschen, von den Enden befreien und längs in dünne Scheiben schneiden. Die Tomaten mit kochendem Wasser überbrühen, häuten und klein würfeln, dabei die Stielansätze entfernen.

2
Die Frühlingszwiebeln putzen, waschen und ohne das dunkle Grün in feine Ringe schneiden. Den Knoblauch schälen und sehr fein hacken. Die Kräuter waschen und trockenschwenken. Die Petersilie ohne die groben Stiele fein hacken. Die Thymianblättchen von den Stielen streifen.

3
Tomaten, Kräuter, Knoblauch und Hackfleisch mischen und alles mit Salz, Pfeffer und Zucker würzen.

4
30 g Butter in einem Topf bei schwacher Hitze schmelzen lassen. Das Mehl gründlich unterrühren. Die Milch unter ständigem Rühren mit dem Schneebesen hinzugießen. Die Sauce bei schwacher bis mittlerer Hitze etwa 5 Minuten köcheln lassen, bis sie dickflüssig ist.

5
Sahne und Käse unter die Sauce rühren. Die Sauce mit wenig Salz und reichlich Pfeffer würzen. Die Kartoffeln waschen, schälen und auf dem Gurkenhobel in dünne Scheiben teilen. Den Backofen auf 180° vorheizen.

6
Eine große feuerfeste Form lagenweise mit Kartoffeln, Zucchini und Frühlingszwiebeln, Hackfleischsauce und Auberginen füllen. Jede Schicht mit etwas Béchamelsauce beschöpfen. Die restliche Sauce zum Schluß über die Moussaka gießen. Die übrige Butter in kleine Flöckchen schneiden und auf der Oberfläche verteilen.

7
Die Moussaka im Backofen (Mitte; Gas Stufe 2) etwa 50 Minuten backen, bis die Zutaten weich sind und die Oberfläche schön gebräunt ist. Dazu schmecken Fladenbrot und gemischter Salat.

Zubereitungszeit: etwa 2 Stunden

- TIP
Statt Auberginen und Zucchini schmecken Paprikaschoten, statt Rinderhackfleisch gehacktes Lammfleisch.

Rezept- und Sachregister

Zum Gebrauch
Damit Sie Rezepte mit bestimmten Zutaten noch schneller finden, stehen in diesem Register zusätzlich auch beliebte Zutaten wie Lauch oder Tomaten – ebenfalls alphabetisch geordnet und halbfett gedruckt – über den entsprechenden Rezepten. ◢

Rezept- und Sachregister

Auf zum Länder sammeln. Mit GU.

Heute arabisch, morgen russisch – ein bißchen Farbe und Abwechslung tut jeder Küche gut!
Bei den GU **Küchen-Ratgebern** gibt's den Duft der weiten Welt gleich reihenweise!
Mit pfiffigen Rezepten, so bunt und überraschend wie die Geschmäcker der Genießer.
Da findet garantiert jeder sein Lieblingsrezept.
Jeder Band 64 Seiten, ca. 60 Farbfotos.
12,80 DM/100,- öS/ 13,80 sfr.

**Mehr draus machen.
Mit GU.**

Impressum

Cornelia Schinharl

Sie lebt in der Nähe von München und studierte zunächst Sprachen, bevor sie sich dem Bereich Ernährung zuwandte. Ihr Interesse für kulinarische Themen war schon immer groß. Nach der fundierten Ausbildung bei einer bekannten Food-Journalistin und einem Praktikum bei einem großen Hamburger Verlag, machte sie sich 1985 als Redakteurin und Autorin selbständig. Es sind seither zahlreiche Bücher von ihr erschienen.

Ulrich Kerth

Nach dem Abschluß der Münchner Staatslehranstalt für Fotografie arbeitete er als Reportagen- und Reisefotograf für verschiedene Verlage und Zeitschriften und war u. a. mehrere Jahre für Paris Match in Paris. Auf seinen vielen Reisen entdeckte er die Food-Fotografie, die inzwischen sein fotografischer Schwerpunkt geworden ist. Er veröffentlichte zahlreiche Bild- und Kochbücher und ist als Fotodesigner für namhafte Verlage, Zeitschriften und Werbeagenturen tätig.

Die Deutsche Bibliothek – CIP-Einheitsaufnahme

Kartoffeln: das klappt auf Anhieb: Salate und Suppen, Puffer und Pürees … / Cornelia Schinharl. – München: Gräfe und Unzer Verlag GmbH, 1993
  (So gelingt's)
  ISBN 3-7742-1678-9
NE: Schinharl, Cornelia

1. Auflage 1993
© Gräfe und Unzer Verlag GmbH, München.

Redaktion:
Claudia Daiber
Layout:
Heinz Kraxenberger
Herstellung:
Jürgen Bischoff
Fotos: Fotostudio Kerth
Umschlaggestaltung:
Heinz Kraxenberger
Satz: Typodata GmbH, München
Reproduktion: PHG-Litho, München
Druck und Bindung: Chemnitzer Verlag und Druck, Zwickau
ISBN 3-7742-1678-9

Umschlag-Vorderseite:
Das Rezept für Gebackene Kümmel-Kartoffeln mit Meerrettich-Apfel-Quark finden Sie auf Seite 91.
Umschlag-Rückseite:
Kartoffel-Tomaten-Suppe mit Safran und Scharfe Kartoffelsuppe mit Lamm und Minze, Rezepte Seite 40/41.

So gel